JN260366

新秘書実務

森脇道子 監修／藤原由美 編著

早稲田教育出版

まえがき

　本書「新秘書実務」では，まず秘書は上司（管理者など）に付いて，来客の応対や文書の取り扱いなどの日常の業務のほか，その上司の本来の仕事をやりやすくするための補佐業務を行うものとしている。秘書はどんな仕事をしているのか，捉えにくいとよくいわれる。それは，秘書の付く上司には，組織体の経営者，管理者，このほか医者や弁護士，学者，政治家などが存在し，その上，一人一人の上司の活動内容が千差万別なので，秘書の補佐業務が多種多様な内容を含むことになるからだろう。

　本書の内容は，多くの秘書が従事している主な業務の基礎知識・技能を取り上げている。このたび，この秘書の基礎知識・技能について見直しを行なった。それは，近年のグローバル化，IT（Information Technology）化によって，経営者・管理者の職務が大きく変化し，秘書実務もまた変化してきているからである。改訂業務は，秘書教育を担当している藤原由美氏が中心になって取り組んだ。

　本書は「秘書として必要な知識と技能とを総合的に習得させる」ことを目標としているが，その学習に臨む基礎として大切なことがある。まず一つ目は，秘書の仕事の実態と，これからの秘書の在り方について，よく理解する必要がある。そして「私の秘書としての役割は何か」「どのような働きをしたいのか」，自らの働き方を考えられる秘書になることだ。二つ目には，特に知識や技能を習得するための実習には力を入れてほしい。「知っていること」と「や

れること」とが別であっては困るので，上に述べた「知識と技能とを総合的に習得」するというのは，「知っていること」と「やれること」とを一致させることであって，これは実習によって身に付けるより方法はない。

　三つ目は，秘書として極めて重要な条件である「言動の爽やかさ」と「センスのよさ」をこの機会に身に付けてもらいたい，ということである。恐らくこれらは「身に付ける」というものではない。「中（うち）から出る」ものである。従って，これらは教わって身に付けるものではなく，自分で努力して育てるものである。秘書がいかに技能的に優れていても，これらの資質がなければ，秘書としては落第である。

　なお，皆さんが本書で学ぶ知識や技能は，実は秘書だけに必要なものではない。一般の事務職員にとっても実践的な補佐業務力は必要なものである。従って，ここで学ぶことは，皆さんが実社会に入ってから，たとえ秘書にならなかったにしても，決して無駄になることはないはずである。

　本書は，時代の変化を見通して，これからの秘書に必要な知識・技能を含めたつもりだが，現代は変化の激しい時代である。皆さんには，ここで学んだことをガイドにして，常に自己学習に心掛けてほしいと願っている。

平成 26 年 2 月

自由が丘産能短期大学
学長　森脇　道子

目　次

第1章　秘書の役割

1　秘書と管理者 8
2　専門秘書 9
3　秘書の形態 11
4　秘書の仕事 12
5　秘書の資格要件 13
6　秘書の心得 14

第2章　秘書のコミュニケーション

1　秘書のコミュニケーション 24
2　身だしなみと立ち居振る舞い 25
3　話し方・聞き方 28
4　指示（命令）の受け方と報告の仕方 31
5　敬語の使い方 34
6　接遇の基本用語 36

第3章　接遇

1　接遇の基本 42
2　来客応対 43
3　電話応対 48

第4章 慶弔と贈答

1　慶弔 ・・・ 62
2　贈答 ・・・ 67

第5章 スケジュール（予定）管理

1　予定表 ・・・・・・・・・・・・・・・・・・・・・・・・・・・・・・・・・・・・・・ 76
2　予定表の作成 ・・・・・・・・・・・・・・・・・・・・・・・・・・・・・・・・ 79
3　アポイントメント ・・・・・・・・・・・・・・・・・・・・・・・・・・・・・ 80

第6章 出張

1　国内出張 ・・・・・・・・・・・・・・・・・・・・・・・・・・・・・・・・・・・・ 88
2　海外出張 ・・・・・・・・・・・・・・・・・・・・・・・・・・・・・・・・・・・・ 91

第7章 環境整備

1　環境の管理 ・・・・・・・・・・・・・・・・・・・・・・・・・・・・・・・・・ 100
2　環境の整備 ・・・・・・・・・・・・・・・・・・・・・・・・・・・・・・・・・ 103

第8章 会議

1　会議の目的と種類 ・・・・・・・・・・・・・・・・・・・・・・・・・・・ 112
2　会議の運営 ・・・・・・・・・・・・・・・・・・・・・・・・・・・・・・・・・ 114
3　議事録の作成 ・・・・・・・・・・・・・・・・・・・・・・・・・・・・・・・ 121

第9章 文書作成

1 秘書と文書作成 ・・・・・・・・・・・・・・・・・・・・・・・・・128
2 社外文書 ・・・・・・・・・・・・・・・・・・・・・・・・・・・・・・129
3 社交文書 ・・・・・・・・・・・・・・・・・・・・・・・・・・・・・・136
4 社内文書 ・・・・・・・・・・・・・・・・・・・・・・・・・・・・・・141
5 メモ ・・・・・・・・・・・・・・・・・・・・・・・・・・・・・・・・・・144
6 ファクス（FAX） ・・・・・・・・・・・・・・・・・・・・・・・146
7 データのグラフ化 ・・・・・・・・・・・・・・・・・・・・・・・147
8 電子メール ・・・・・・・・・・・・・・・・・・・・・・・・・・・・150

第10章 文書の受発信とファイリング

1 文書の受信 ・・・・・・・・・・・・・・・・・・・・・・・・・・・・156
2 文書の発信 ・・・・・・・・・・・・・・・・・・・・・・・・・・・・157
3 「秘」扱い文書の取り扱い ・・・・・・・・・・・・・・・・158
4 郵便の知識 ・・・・・・・・・・・・・・・・・・・・・・・・・・・・159
5 ファイリングとファイル用具 ・・・・・・・・・・・・・163
6 バーチカルファイリング ・・・・・・・・・・・・・・・・165
7 資料の整理 ・・・・・・・・・・・・・・・・・・・・・・・・・・・・171

付録：

秘書検定審査基準 ・・・・・・・・・・・・・・・・・・・・・・・・・・180

第1章 秘書の役割

　秘書という職業があることは，それこそ誰でも知っているであろう。しかし，この秘書ほど，その役割や仕事内容について，よく理解されていない職業はない。

　そこで，秘書の実務を学ぶにあたって，秘書は誰のために何をするのか，なぜ必要なのか，こうした役割を果たすためにはどのようなことを心得て動かなければならないのかなど，まず基本的なことをしっかり学習しよう。

　なお，まえがきにもある通り，秘書としての知識や技能は一般の事務職員にとっても必要なものである。社会のあらゆる職場に上司がいて，その上司の補佐を行う必要がある以上，秘書的な業務は全ての社会人に求められる基本技能ということができるだろう。

1　秘書と管理者

1-1　秘書

　秘書とは，一般に会社や官公庁などの組織体の管理者（経営者）[1]に付いて，その管理者の本来の仕事をしやすくするための補助的な仕事を行う職員のことである。従って，秘書の仕事を理解するためには，その秘書の付くべき管理者の仕事を，まず知る必要がある。

1-2　管理者の仕事と階層

　管理者の仕事を一言で言うならば，それは「経営管理（マネジメント）」である。経営管理というのは，経営の目的を立て，その目的を達成するために，多数の人々の活動を有機的に結び付け，これによって仕事を能率的に運営していく働きである。そして，その働きを分担するのが管理組織である。

経営の管理組織

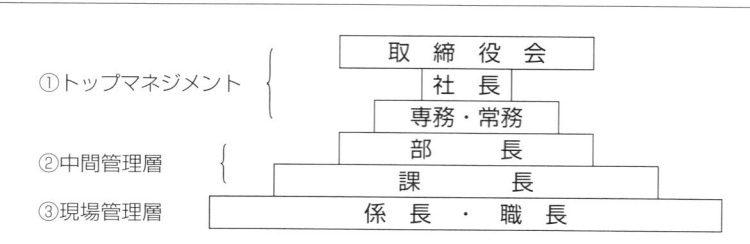

```
                    ┌ 取 締 役 会
①トップマネジメント │ 社　　　長
                    └ 専務・常務
                     ┌ 部　　　長
②中間管理層         └ 課　　　長
③現場管理層           係　長・職　長
```

① **トップマネジメント（top management）** 経営者または最高管理層ともいい，経営の最高層にあって，基本的・全般的な経営を行う階層である。
② **中間管理層（middle management）** トップマネジメントの下で，部門管理層ともいい，ふつう部長・課長などが，これに当たる。
③ **現場管理層（lower management）** 監督者層ともいい，中間管理層の指令によって，直接，営業や生産などの現場を管理する。係長などがこれである。

---

[1] このほか政治家や，弁護士・医者・学者・芸術家などの専門職に付く秘書もある。

この管理組織はふつう図のように，トップマネジメント（最高管理層），ミドルマネジメント（中間管理層），ロアマネジメント（現場管理層）の三つの階層に分けることができる。

2 専門秘書

2-1 日本の秘書と欧米の秘書

秘書が付く管理者とは，先に述べたトップマネジメントやミドルマネジメントに属する管理者だが，日本と欧米とでは，秘書の実態に差がある。
欧米の場合は，既に20世紀の初め頃から，主に女性の職業として秘書という専門職が生まれており，役職者であれば，必ず資格のある秘書[2]をそばに付けて，ペアで仕事をしているのが普通である。その欧米の専門秘書の仕事は，上司[3]の仕事に入り込んで，資料の作成や，上司の予定の配分，各部課との調整などを行う経営管理補佐[4]である。中には不動産や財産・税務などの法律的な仕事まで行い，また取締役会の事務局としての職務を行う秘書もいる。

しかし日本では，こうした経営管理補佐的な秘書[5]は，社長室長や秘書課長などの経験を積んだ者が当たっている。いわゆる秘書は，一般に管理者の予定管理，受付や来客への応対・身辺の世話などを主な業務としているのが普通である。従って，日本の場合，専門秘書という職業は，事実上確立しているとは言いがたい。

---

2) 例えば，米国では，秘書検定協会が受験資格のあるものに対して試験を行い，幾つかの階級からなる公認専門秘書（CPS：Certified Professional Secretary）という資格を認定している。日本では，文部科学省後援の秘書技能検定などがある。
3) ここでいう上司とは秘書の補佐している上役の意味で，英語ではボス（boss）と言うのが普通である。単に上役と言うと上位者と混同するので，それと区別するためである。
4) アドミニストラティヴ・アシスタント（Administrative Assistant）
5) この仕事を「直接補佐」という。いわゆるブレーンスタッフ（brain staff）である。

2-2 日本における専門秘書

近年のＩＴ[6]化，グローバル化などにより，日本においても，欧米に見られるような専門秘書が普及しつつある。

(1) 小グループ制の普及

日本でも欧米式に数名のグループに大幅に権限を移譲して，業務を分担させる方式[7]が広まり，プロジェクトチーム制[8]なども普及してきている。こうなると，その数名のチームの中に，秘書的能力の優れた者のいることが，必要になってくる。

(2) ＩＴ化

ＩＴ化により，管理者が的確な判断を行うために必要な情報は，どんどん増えている。これらの情報の収集や整理，また必要な際，すぐ取り出せるようにするための整理保管などを，管理者自身がやっていたのでは，自分の本務ができなくなってしまう。これらの仕事を，代わってＯＡ[9]機器などを駆使して，てきぱきとやってくれる補助者がいれば，管理者はどれだけ助かるか分からない。

(3) グローバル化

グローバル化が進み，女性や外国人などの活用といったダイバーシティー[10]への取り組みが注目されている。優秀で意欲がある人材が，性別や年齢にかかわらず活躍できる社会が求められている現代において，秘書の仕事は，女性がその能力を発揮するのに適した職業の一つといえよう。

---

6) Information Technology：コンピューターやデータ通信に関する情報技術の総称。
7) 部の下の課をなくし，数名の小グループを部長に直属させる，いわゆる〝課制廃止〟なども，この例である。
8) 特定のプロジェクト（課題）の解決のために臨時に編成されるチーム。
9) オフィスオートメーション（Office Automation）の略。
10) Diversity（多様性）：個人や集団間に存在する人種，障害，性別，年齢など，さまざまな違いのこと。

3 秘書の形態

日本の秘書の働き方には，主に四つの型がある。

(1) 秘書課の課員
秘書課（室）に所属して，秘書課（室）長の下で，他の秘書とともにチームで秘書的業務を行う形である。

(2) 個人付き秘書
1名の上司に付く形である。この場合の上司とは，管理者が普通だが，病院・法律事務所・建築事務所・大学・研究所などの専門家などのこともある。

(3) グループ秘書
個人付き秘書が1名の上司に付くのに対し，このグループ秘書は，チームについて秘書業務を行い，チーム効率を高めるために働く。この形はスタッフ部門[11]やプロジェクトチームなどに見られる。

(4) 兼務秘書
本来の業務を持っていながら，秘書的業務を掛け持ちする形である。部長・課長などの秘書に見られる。秘書と呼ばれないことも多い。

この四つの形のうち，会社などで最も多いのは，(1)の秘書課員としての秘書である。しかし，この形では女性秘書は，ふつう秘書課長や男性秘書の補助の域を出ず，専門秘書は育ちにくかった。最近は，(2)の個人付き秘書，(3)のグループ秘書が増えてきており，(1)の場合も，秘書課員ではあるが，特定の上司に張り付く形の秘書も増えつつある。なお，実質的には(4)兼務秘書が最も多いと思われるが，秘書と呼ばれないことも多く，一般の事務職員との区別は難しい。これは秘書としての知識や技能が一般の事務職員にとっても必要なことで，根本的なことは変わらないことを示しているとも捉えられるだろう。

なお，次からは，主にビジネスにおける個人付き秘書の行うべき実務について学習する。

---

11) 総務・人事・経理・企画など，その団体の本務を助けサービスする部門。

4　秘書の仕事

　秘書の仕事内容は，上司の仕事内容・地位などによって，またその上司の秘書に対する期待によって大きく異なるが，一般的に次のようなものである。

(1) 上司のスケジュール（予定）の管理
　① 予定表の作成と記入　　　　② 予定変更に伴う調整
　③ 面会予約の受付　　　　　　④ 上司への予定連絡

(2) 来客の応対
　① 来客の受付，取り次ぎ（電話での受付・取り次ぎを含む）
　② 来客の接待（会食の準備，ゴルフ準備など）
　③ 来客の調整　　　　　　　　④ 応接室の整備
　⑤ 面会の代行

(3) 会議関係
　① 会場の設定　　　　　　　　② 資料の作成
　③ 会議案内状の作成　　　　　④ 議事録の作成

(4) 出張
　① 宿泊先の予約，乗り物の手配　② 旅程表の作成

(5) 上司の身辺の世話
　① 送り迎え（自動車の手配，運転手との打ち合わせ）
　② 茶菓のサービス，食事の世話　③ 上司の健康管理
　④ 備品・消耗品の管理　　　　⑤ 上司室の環境整備
　⑥ 冠婚葬祭の用意

(6) 出納事務
　① 旅費の計算　　　　　　　　② 小切手・手形事務
　③ 諸伝票の起票　　　　　　　④ 諸会費の納入

(7) 文書事務
　① 目的に応じた文書の原稿作成

②　文書・資料のファイリング　　③　ＰＣ[12]操作

　なお，上に挙げた秘書の仕事内容は，一人前の秘書に対して期待されるものである。皆さんがこれから学ぶのは，これらの基礎となる知識と，簡単な定例的業務を行う技能とである。この学習で得た能力を土台にして，経験を積み重ねて，より高度な秘書業務が行える能力を身に付けていけばよい。

5　秘書の資格要件

　秘書の持つべき資格要件を，(1)知識・技能，(2)人柄，(3)健康の三つに大別して細かく挙げてみよう。

5-1　知識・技能

（1）必要な知識
　①　自社についての知識（人・組織・製品・社歴など）
　②　経営管理の基礎知識　　③　健康管理の知識
　④　冠婚葬祭の常識
　⑤　簡単な経理事務の知識（小切手・手形・旅費精算・交際費など）
　⑥　事務機器についての知識　　⑦　エチケットと一般常識

（2）必要な技能
　①　応対　　　　　　　　　②　情報の選択・収集
　③　ファイリング　　　　　④　文書作成
　⑤　出張の手配　　　　　　⑥　会議の段取り
　⑦　上司の予定管理　　　　⑧　ＰＣ操作
　⑨　英会話
　⑩　コミュニケーション能力（意思の疎通）

　以上の知識・技能を生かして，仕事を迅速・正確に，しかも，きめ細かく処理することが求められる。

12）パーソナルコンピュータ（Personal Computer）の略。

5-2　人柄

(1) 秘密が守れること。
(2) 明るく，ユーモアがあること。
(3) 他人への気配りがこまやかなこと。
(4) 正直で誠実なこと。
(5) 行動に自発性・積極性があること。
(6) よく気がつき，機敏なこと。
(7) 他人に好感を与えること（身だしなみ・礼儀・言葉遣い）。
(8) 感情の起伏が激しくないこと。
(9) 善悪・是非・適否・賛否の判断が的確で，独断的でないこと。
(10) 緊急事態の際，落ち着いて行動できること。

　以上，秘書としてふさわしい行動がとれ，上司からも，周囲の人々からも信頼される人柄であることが大切である。

5-3　健康

(1) 欠勤して上司に不自由を掛けないこと。
(2) 疲れた顔つきで，人に不快感を与えないこと。
(3) 健康管理ができること。

　どんなに知識・技能が優れ，りっぱな人柄があっても，健康でなければ，よい秘書にはなれない。自己の健康をうまく管理することは，秘書に限らず極めて大切である。

6　秘書の心得

　秘書の心得ておくべきこととしては，次のことが挙げられる。

6-1　上司の陰の力となること

　秘書は，いつでも裏方であり，上司はいつも主役である。すなわち，上司

がその主役としての役割を何の不安もなく果たし，成果を挙げるための陰の力になるのが秘書の役割である。従って，その仕事は地味であり，不断の努力の割には，周囲から認められたり褒められたりすることの少ない仕事である。そして，その秘書がいなくなったとき，初めてその役割の重要性がはっきり分かる。これが，秘書の最も望ましい姿ともいえるだろう。

6-2　秘密を守ること

　秘密を守ることは，秘書として最も初歩的な心得だが，それだけに常に心に留めておかなければならない大事なことでもある。秘書は仕事上，書類・電話・会議・会話などから，さまざまな情報を知り得る立場にあるが，決して，それを他言したり，それと悟られる言動をとったりしてはならない。

　社内の人たちから，人事について探りを入れられることもあるだろう。それが，親しい間柄の人だと，知っていることを伏せるのは，つらいこともあるが，私情と仕事とをしっかり区別することが，秘書にとって極めて大切である。

6-3　上司を理解すること

　上司にとって，信頼のおける秘書でなければならないことは，言うまでもない。しかし，信頼関係は一朝一夕でできるものではない。長い時間と努力がいる。信頼関係の基本は，相互理解である。秘書は，上司を怖がって敬遠していてはいけない。自ら進んで上司を理解しようと努力することが必要である。上司が理解できれば，その気持ちや考えを察することもでき，自分も働きやすくなり，能力も発揮しやすくなる。

　また，信頼関係ができていれば，上司のよき助言者にもなれる。ただ命令に従うばかりでは，よい秘書とはいえない。ときには，食い違いや行き違いも起ころうが，そのときは冷静に話し合える秘書でありたい。

6-4　いつも進んで知識を広めること

　秘書は仕事の性格上，豊かな常識とある程度の専門知識が必要である。

従って，いつも新しい知識を吸収しようとする姿勢が大切である。

例えば，秘書は自分の働く会社と上司の仕事とについて，次に挙げる項目の最新情報を知っていなければならない。

（1）会社について
① 事業方針・経営方針
② 会社の創立者名・会長名・社長名，その他の役員名
③ 従業員数（年令，性別構成など）
④ 資本金
⑤ 親会社名・関連会社名・下請会社名
⑥ 会社の組織機構と各部門の仕事
⑦ 主な業務内容（生産品目・取扱品など）
⑧ 自社の業種・業態
⑨ 同業会社との比較（業界第何位など）
⑩ 現在と将来の問題点など

（2）上司の仕事について
① 上司の地位
② 上司の職務内容
③ 上司の現在の関心事
④ 上司の活動範囲，上司と社内外の組織との関連

6-5 他部門の人々との協調を大切にすること

秘書は仕事柄，よその部門の人々と接することが多いから，それらの人々から好意と支持とを寄せられる人柄でありたい。

特に，秘書であることに妙な優越感を持ってはならない。秘書といえども一職員にすぎないのだから，一般職員とよい人間関係を保つことが大切である。しかし，秘書は勤務時間が他部門の人々とずれたり，働き場所が離れていたりすることが多いために，ともすれば孤立しがちである。そこで，こちらから進んで多くの人たちと付き合うように努める必要がある。

6-6　感じのよい秘書であること

　秘書が他人に与える印象は，そのまま上司の印象につながるものである。身だしなみや，爽やかな動作は，もちろん大切なものだが，むしろ，それよりも大切なのは，心の豊かさ，素直さ，明朗さといった内面的なものである。

　外面的なものを感じよくするには，秘書としての立場を心得た，控えめな装いや振る舞いが大切である。

演　習

1．これからの日本のビジネスに活躍する専門秘書の役割について考えてみよう。

2．日本の秘書と欧米の秘書との違いを述べてみよう。

3．1-1にある「その管理者の本来の仕事をしやすくするための補助的な仕事」とは具体的にどんな仕事なのか，考えてみよう。

4．秘書に望まれる人柄の項目と，自分の人柄を自己診断した結果とを比べて検討してみよう。

練習問題

秘書検定の実問題で練習し理解を深めよう。

1．新人秘書Aは先輩から，普段の心掛けとして次のようなことを教えられた。中から不適当と思われるものを一つ選びなさい。　　　　　　（3級）

1) 自分の仕事が済んで手が空いたら，上司や先輩に何か手伝うことはないか尋ねること。
2) 指示されて作成した会議資料は自分用にコピーを取って読み，上司の仕事内容を把握すること。
3) 先輩から仕事を教えてもらっているとき，途中で先輩が用事で席を立ったら，今までのことを復習していること。
4) 指示された仕事をきちんと行いながらも，先輩の電話応対に耳を傾けるなどして積極的に話の仕方を学ぶこと。
5) 上司の出張中は伝言を受けるなど上司の留守を預かりながら，日ごろできない書棚の整頓やファイルの整理などをすること。

2．営業部のAは部長秘書を兼務することになった。次はそのとき前任のCから教えられたことである。中から不適当と思われるものを一つ選びなさい。　　　　　　（3級）

1) 秘書の仕事は上司の手助けだから，何事も上司の意向に沿うようにしないといけない。
2) 秘書の仕事をしていると会社の内部事情を知ることがあるが，営業部員には隠さないこと。
3) 秘書の仕事をしていないときは営業部員だから，営業部員としての仕事をしないといけない。
4) 秘書の仕事をしていると他部署のことが分かることがあるが，興味本位に口外はしないこと。

5) 部員から上司の予定を尋ねられたら，すぐに答えられるようにスケジュールを把握しておくこと。

3．次は秘書Aが，新人Bに話したことである。中から不適当と思われるものを一つ選びなさい。　　　　　　　　　　　　　　　　　（2級）

1) 社交的なのはよいが，会社の話は慎まないと社内事情が外に漏れると心配されかねない。
2) 性格が明るくおおらかなのはよいが，気遣いが欠けると秘書には不向きと言われかねない。
3) 丁寧に振る舞うのはよいが，丁寧すぎると忙しい上司をいらいらさせることになりかねない。
4) 先を考えて行動するのはよいが，何事も上司の許可を得てしないと余計なことと言われかねない。
5) 品のよい言葉遣いをするのはよいが，使う場を考えないと周りから気取っていると言われかねない。

4．秘書Aは上司から，「もう少し気を利かせてもらいたい」と注意された。そこでAは，気を利かすとはどのように仕事を行うことか，次のように考えた。中から不適当と思われるものを一つ選びなさい。　　（2級）

1) 日常的な業務は，上司の指示を待たずに行うことではないか。
2) 秘書業務は隣の部署の秘書と相談しておき，自分も同じようにすることではないか。
3) 上司の指示を受けて行う仕事は，それに付随する仕事も含めて行うことではないか。
4) 上司の行動や期待することを察するようにし，それに合わせた手助けをすることではないか。
5) 上司が関心を持つと思われる情報を収集し，いつでも提供できるようにしておくことではないか。

5．秘書Aは秘書課の主任に抜てきされたが，その後同僚や後輩たちが，何となく近寄り難くなったと言っている，ということを耳にした。次は，このようなことを言われないようにするにはどのようにしたらよいか，Aが考えたことである。中から，不適当と思われるものを一つ選びなさい。
(準1級)

1) 課内の雑用は，今まで通り皆と一緒にするようにしようか。
2) あいさつは，親しみやすい調子でいつも自分からするようにしようか。
3) 給湯室で課員と一緒になったときは，雑談などをするようにしようか。
4) 仕事の指示をするときは，改まった言い方をやめて砕けた言い方をしようか。
5) 昼食は皆と一緒にするようにして，できるだけ仕事以外の話をするようにしようか。

6．秘書Aは上司をよく訪ねてくる取引先のF氏から，「Aさんにはいつも世話になっているので，お礼に食事に招待したい」と言われた。F氏の秘書も一緒だという。このような場合，AはF氏にどのようなことを言えばよいか。誘ってくれたことへの礼を言う，以外に箇条書きで二つ答えなさい。
(準1級)

7．営業部長秘書をしていたAは，新人Bに秘書の仕事を引き継いで営業職に戻った。その後Bから，秘書の仕事にはお茶を入れるなどこまごまとした雑用が多いが，雑用が秘書の仕事かと聞かれた。このような場合，AはBにどのようなことを言うのがよいか。箇条書きで三つ答えなさい。
(1級)

8．秘書Aの後輩Bは明るく愛想がよいので，周りから仕事を頼まれやすい。ところが自分の仕事が忙しいときでも引き受けてしまうため，本来の

仕事に支障を来したり，遅くまで残業した翌日には体調を崩して突然休むなどのこともある。このようなBにAはどのようなことを言うとよいか。1.以外に箇条書きで三つ答えなさい。　　　　　　　　　　　（1級）

1. Bの，明るく愛想がよいというのはよいことである。

第2章 秘書のコミュニケーション

　人間同士が，お互いに考えを伝え合うことをコミュニケーションという。ビジネスの場でのコミュニケーションには，二つの面がある。一つは，仕事に必要な情報を伝え合うという事務的な面であり，もう一つは意思の疎通によって，お互いに理解し合うという心理的な面である。職場の中で，大勢の人々が協力して能率的に仕事を進めて行くためには，このコミュニケーションが重要である。

　コミュニケーションがうまくいかないと，仕事がスムーズに進まなくなり，人間関係に問題が起こってくる。そこで，ここでは，よりよいコミュニケーションをつくり出すための基本について学ぶことにしよう。

1 秘書のコミュニケーション

1-1 秘書の役割とコミュニケーション

　秘書は，その仕事の性格上，上司をはじめ会社内外の多くの人々と関わり合いを持っており，これらの人間関係が円滑にいかなくなると，秘書の役割を果たすことは難しくなる。秘書は会社の顔といわれるが，秘書の言動を通して相手が受けた印象により，上司や会社の印象が決まるといっても過言ではない。相手に好印象を与え，信頼されるコミュニケーションを心掛けなければならない。

1-2 言語コミュニケーションと非言語コミュニケーション

　一般に対人コミュニケーションは，言葉を用いてメッセージを伝える言語コミュニケーション[1]と，言葉以外（動作，表情，声の性質，身だしなみなどの外見的特徴，空間の使い方など）を用いる非言語コミュニケーション[2]とに分類される。

　実際のコミュニケーションは，この言語コミュニケーションと非言語コミュニケーションが相互補完的に使用されているので，コミュニケーション能力を高めるには，両方の学習が必要である。そこで，ここでは，非言語コミュニケーションとして身だしなみ・立ち居振る舞いを，言語コミュニケーションとして話し方・聞き方，敬語などを学習していく。

---

1) VC：verbal communication
2) NVC：nonverbal communication

2 身だしなみと立ち居振る舞い

2-1 身だしなみの基本

（1）身だしなみの心得

秘書に必要な身だしなみの心得は，人目につく華やかさではない。そのポイントは，次の三つである。

① 調　和：その場に，また自分に合っていること。
② 清潔感：人に不快感を与えないものであること。
③ 機能的：動きやすく仕事のしやすいものであること。

（2）身だしなみチェックポイント

ビジネスの場では，次のような点が身だしなみのポイントとなる。出勤前はもちろんのこと，勤務中も時々自分の身だしなみをチェックする習慣を付けよう。

身だしなみチェックポイント

	項　　目	チェック
服装	❶ 派手な色やデザインの洋服ではないか。	☐
	❷ 洋服は汚れやシミがなく清潔か。	☐
	❸ 洋服はシワになっていないか。	☐
	❹ スカートやパンツの丈が長過ぎたり短過ぎたりしていないか。	☐
	❺ ストッキングに伝線やたるみはないか。	☐
	❻ 靴はビジネスにふさわしい形と色か。	☐
	❼ 靴はきれいに磨いてあるか。	☐
髪形	❽ 髪は清潔で職場にふさわしい髪形か。	☐
	❾ 髪の色は明る過ぎないか。	☐
手・指先	❿ 爪や手は汚れていないか。	☐
	⓫ 爪は伸び過ぎていないか。	☐
	⓬ 派手な色のマニキュアをしていたり，はげかけていないか。	☐

そ	⓭ 香りの強い香水をつけていないか。	☐
の	⓮ 仕事に邪魔になるようなアクセサリーをしていないか。	☐
他	⓯ 健康的なナチュラルメイクになっているか。	☐

2-2 立ち居振る舞いの基本

　立ち居振る舞いとは，立ったり座ったりする一連の動作のことで，全体的な体の動きやしぐさなどを意識して行うことが必要である。相手に好印象を与えるには，身だしなみなどの外見を整えるだけでなく，立ち居振る舞いなどの態度，動作にも配慮しなければならない。立ち居振る舞いのポイントは，次の通りである。

(1) 立ち方
- 両足のかかとをそろえ，つま先を少し開ける（握りこぶし一つ分位）。
- 背筋を伸ばして，姿勢をよくする。
- あごを引き，まっすぐ前を見る。
- 手は前で組む。

立ち方

(2) 座り方
- 浅めに腰掛け，背筋を伸ばす。
- 膝が90度程度になるようにかかとを置く。
- 両足の膝からつま先までを付け，両手は太ももの上で組む。
- 足を組んだり，背もたれに寄り掛からないようにする。

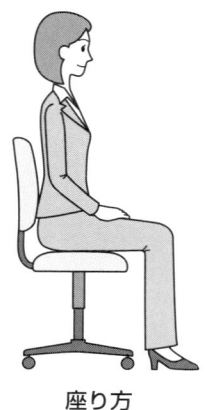

座り方

（3）お辞儀の仕方
・相手の顔を見てあいさつの言葉を言う[3]。
・背筋を伸ばして腰から曲げる。
・下げたところでいったん止め，ゆっくり上げる。

（4）3種類のお辞儀
① 会釈
・部屋の出入り，廊下などで擦れ違うときなどの軽いあいさつや目礼
　「失礼いたします」
② 敬礼
・一般的なあいさつ
　「おはようございます」「いらっしゃいませ」「かしこまりました」
③ 最敬礼
・お礼・おわび，お見送りなど丁寧なあいさつ
　「ありがとうございました」「申し訳ございませんでした」

お辞儀の種類と使い分け

①会釈 15°　②敬礼 30°　③最敬礼 45°

---

[3] あいさつの言葉を言いながらお辞儀をする場合もあるが，言葉と動作を別にした方が，より丁寧な印象となる。

3 話し方・聞き方

3-1 話の目的

話の目的は，文章の場合と同じく，次の三つに大きく分けられる。

(1) 情報を伝えて，相手に知的な反応を起こさせる

要するに，分からせるための話である。正確なことが大切だが，正確過ぎて相手に理解できなくては，全く意味がない。

(2) 相手に好感を与え，情緒的な反応を起こさせる

褒めたり勇気づけたりする場合がこれである。このほか，日常会話の中の「おはようございます。よいお天気ですね。」などのあいさつも，これに入る。

(3) 知的および情緒的な反応を起こさせ，相手に行動をとらせる[4]

上の(1)(2)の反応を起こさせて，話し手の期待する反応を，聞き手に取らせるための話である。いわゆる説得である。

3-2 話し方の基本

ビジネスの場にふさわしい話をするためには，基本的に次のことに注意をしなければならない。

(1) 正しく伝わるように話す

① 相手の理解度に合った話をする。
② 話の目的は何か，聞き手にどういう反応を求めているのかを意識して無駄なく話す

(2) 分かりやすい言葉や表現を用いる

① 書き言葉をそのまま話し言葉として使わない。

　　例えば，「部長はきしゃ（帰社）しません。」と言われても，聞き手はすぐには分からない。

---

[4] この「行動をとらせる」には，「態度や意見を変えさせる」をも含める。これが結果的には，こちらの意図する行動をとらせることにつながるからである。

② 職場用語・専門用語・外国語を相手構わずに使わない。
　　例えば、「社長は能開に参りました。」では、能開が能力開発室の略として社内で使われているとしても、外部の人には分からない。
③ 曖昧な言葉を使わない。
　　例えば、「適当にお願いします。」「いつものを二つ持ってきてください。」などは、誤って取られやすい。

(3) 感じのよい話し方を心掛ける
① 明るく話す
　　いつも明るい態度と声とで、はきはき話すように心掛けたい。これは、聞き手に好感を与え心を開かせるという点で、話し手の最も心すべきことである。
② 聞き手を傷つけないように話す
　　いつも聞き手の気持ちを考えて話すようにする。例えば、面会の約束に遅れた客に「時刻通りお越しいただけないと、この次からはお会いできませんから……。」などと一方的な言い方をしたのでは、客に不快感を与えるだけで何の役にも立たない。

(4) 効果的な話し方と態度
① 聞きやすい大きさ、速さで話す。
② 一語一語をはっきり発音して話す。口ごもったり、語尾がはっきりしないと聞き取りにくい。
③ 間は、言葉と言葉との間にある休止時間だが、この間をうまく取って話す。
④ 相手を見て[5]、その反応を確かめながら話す。
⑤ 笑顔と適度なジェスチャー[6]を入れる。

---

5) 視線は、基本的に相手の目を見るが、場合によっては相手の襟の辺りに置くとよい。
6) gesture：何らかの感情や意思を表現したり伝達する身ぶり、手ぶりのこと。

3-3 聞き方の基本

〝話し上手〟という言葉もあるが，〝聞き上手〟という言葉もある。秘書は話し上手であると同時に聞き上手でありたい。そのためには次のことに気を付けるとよい。

(1) 相手の真意をつかむために真剣に聞く
① 不明な部分を確かめながら聞く。
② 話のキーワード，キーフレーズを見つける。
③ 話の関連性を正確に把握する。

(2) 相手が話しやすい環境をつくって熱心に聞く
① うなずいたり，相づちを打って聞く。
② 質問したりして相手の話に関心を持って聞く。

3-4 会話の実際

会話は，話し手と聞き手との間に成立するものだが，頼む，断る，苦情を受けるなどのように，話し手が，よほど努力しないと成立しない会話もある。

(1) 頼む話し方

この話の目的ははっきりしているが，一方的な押し付けでは目的を達し得ない。

まず，①相手の立場を知り，②こちらの頼みを相手に理解してもらい，そして，③こちらの目的に協力してもらう，という順で話を進めなければならない。話の途中で相手の気持ちに注意を払わないと，どうしても一方的になってしまい，目的が果たせないことになりがちである。

(2) 断る話し方

断るということは，多かれ少なかれ相手の期待に反することだから，なるべくがっかりさせないように気を使う必要がある。

それには，①断る理由を述べ，②こちらのできる範囲でお役に立ちたいという態度を示し，③相手の言い分もよく聞き，④こちらの断る理由を納得してもらう，という話し方が望ましい。

(3) 苦情の受け方

苦情を言う人は，感情的になっていることが多い。しかし，決してこちらもそれにつられて感情的になってはならない。

まず，①相手の苦情を逆らわずに十分聞くことが先決である。そして，②今度はこちらの説明すべき点を穏やかに相手に話したり，③その処理法を話し合ったりして，解決を図るようにする。

4　指示（命令）の受け方と報告の仕方

仕事に直結した，「話すこと」「聞くこと」に指示（命令）と報告とがある。指示は上から下への情報の流れであり，報告は指示によって活動した結果についての情報が下から上に上る流れである。この情報の流れがスムーズなほど，会社の諸活動のまとまりがよく，能率的になる。

秘書は，上司から指示されたことを的確に理解して行動し，その結果を忙しい上司に要領よく報告できなければならない。

4-1　指示の受け方

(1) 呼ばれたとき

明るい声で「はい」と返事をして，メモと筆記用具を持って，すぐそばに行く。

(2) 指示は最後まで聞く

上司が説明している途中で口出しや質問はせず，まず，最後まで指示を聞く。

(3) メモを取る

上司の話を聞きながら，要点を①何を，②いつまでに，③どのように，④どこで，⑤誰と，など5W3H[7]の要領でメモする。

---

7) When（いつ），Where（どこで），Who（誰が），What（何を），Why（なぜ），How（どのように），How many（幾つ），How much（幾ら）。

(4) 復唱する

上司の説明が終わったら、指示されたことの要点を復唱する。数字は特に念を押して確かめる。

(5) 質問のあるとき

上司の指示を復唱してから、質問があればその場で尋ねる。

(6) すぐには実行できないとき

時間的に無理だと思われることは、その旨をはっきり伝えて上司の指示を受ける。安請け合いをして後でできなかったりすると、上司の仕事に支障を来すことになりかねない。

(7) 上司以外の上役から指示を受けたとき

指示されたことが、秘書の仕事の一部である「他部門へのサービス」であるならば引き受けるが、それ以外のことについては、上司に報告して、その指示を受ける。

4-2 報告の仕方

(1) 報告の時期

報告は、求められてからするのでは遅過ぎるが、上司は忙しいので、タイミングよくすることが大切である。例えば、時間がかかるような報告の場合は、「ご出張中にあったことをご報告したいのですが、会議の前に5分お時間をいただけませんでしょうか」などと、時間を区切って報告するのがよい。

一般に報告の時期は、①命じられた仕事が終わったとき（特に悪い結果の時は一刻も早く報告する）、②仕事の途中でも上司の耳に入れた方がよいと思われるとき、例えば、命令された仕事に支障が起きて予定よりも長引きそうな時や、長時間かかる仕事で結果の見通しがついたようなときである。

(2) 報告の順序

上司は忙しいのだから、あらかじめ言うべきことと、その順序とを考え、要領よく簡潔に報告する。例えば、報告の順序は、「先方と交渉しました結果、○○ということになりました。というのは……」のように、結論を先

に，そして必要があれば経過・理由などを述べるのがよい。また，事実と自分の意見や推測とを，はっきり区別して話すことが大切である。

(3) 複雑な内容の報告

口頭だけでは分かりにくい内容の報告は，メモにしてそれに基づいて報告する。もっと複雑なときは，報告書にして差し出すようにする。

4-3　情報伝達の仕方

指示・命令を受け，その結果を報告する以外に，秘書は上司に必要な情報を集めて伝えたり，上司に代わって情報伝達の取り次ぎをしたりすることがある。

(1) 上司への情報伝達

上司に伝えることが必要な情報には，主に次のようなものがある。

① 上司の不在中に来た社内外からの来訪者とその伝言
② 上司の不在中にかかった電話とその伝言
③ 新聞やインターネット（人事異動・死亡広告）の情報
④ 会社の諸施策に対する従業員の反応

(2) 上司に代わっての情報伝達

秘書が忙しい上司に代わって，社内外の人に情報を伝達する場面で，次のようなものが考えられる。

① 上司からの命令事項を他部署の人に伝える。
② 上司に代わって外部に電話する。
③ 上司に代わってお見舞い，お祝い，お悔やみなどに出掛ける。

これらの場合には，上司の意向通りに，しかも丁寧，謙虚な態度で行うことが大切である。

5 敬語の使い方

秘書は職場で，目上の人々やさまざまな客と会話を交わさなければならない。そこで，言葉遣い，特に敬語には十分な注意が必要である。人は，自分に対して適切な敬語が使われないと不快感を抱くものである。自分がどのように処遇されているかを知る目安が，自分に対して使われる敬語だからである。従って，秘書は正しい敬語を適切に使えなければならない。

敬語も，他の言葉と同様，時代と共に変化してきており，次第に簡素化しつつあるといってもよい。しかし，それでも使い慣れていないものにとっては，やはり難しいかもしれない。そこでここでは，正しい敬語の使い方を，話す場合だけでなく書く場合も含めて学習しよう。

5-1 敬語の種類

敬語には，大きく分けると「丁寧語」「尊敬語」「謙譲語」の3つの種類がある。

(1) 丁寧語：聞き手に敬意を表す表現。
　　語尾を丁寧にしたり，語の頭に「お」や「ご」を付ける。
　　（～です，～ます，～でございます，お～，ご～）
　　例：「部長，こちらが報告書<u>です</u>。」「先生，お電話<u>でございます</u>。」

(2) 尊敬語：相手の行為などを高めることによって，敬意を表す表現。
　　相手の行為などを高めることによって，敬意を表す表現。
　　（～れる，～られる，お～になる，ご～になる，お～なさる）
　　例：社長が<u>おいでになる</u>。お客さまが<u>ご覧になる</u>。

(3) 謙譲語：自分の行為などを<u>謙る</u>ことによって，敬意を表す表現。
　　（お，ご～する，お，ご～いただく）
　　例：お客さまを<u>ご案内する</u>。明日<u>伺います</u>。

5-2 誤りやすい敬語

よくある敬語の誤りは次の二つである。

(1) 尊敬語と謙譲語の取り違え

例①：(客に対して) 受付で伺ってください。(誤)
　　　→受付でお聞きになってください。(正)

例②：お客さまが申されました。(誤)
　　　→お客さまがおっしゃいました。(正)

(2) 二重敬語（敬語を重ねて使うこと）

例：社長は，いまお戻りになられました。(誤)
　　→社長は，いまお戻りになりました。(正)
　　→社長は，いま戻られました。(正)

5-3 相手による言葉の使い分け

(1) 社外の人に対して同じ会社の人のことを言うときは，謙譲語を使う。

例：社長は，3時ごろ戻ると申しておりました。

(2) 社内の人や身内の方に対して同じ会社の人のことを言うときは，尊敬語を使う。

例：社長（さん）は，3時ごろ戻るとおっしゃっておいででした。

5-4 敬語の特別な表現

通常の敬語では，例えば「書く」を尊敬語にするときは「お書きになる」，謙譲語にするときは「お書きする」のような形にするが，特別な表現にする場合がある。次はよく使う，その言葉の例である。

敬語の独特な表現

尊敬語	普通の言葉	謙譲語
なさる	する	いたす
おっしゃる	言う	申す
召し上がる	食べる	いただく

ご覧になる	見る	拝見する
お耳に入る，お聞きになる	聞く	拝聴する，伺う
いらっしゃる	いる	おる
いらっしゃる	行く	参る，伺う
いらっしゃる，お見えになる	来る	参る
いらっしゃる	訪ねる	お邪魔する

6　接遇の基本用語

　ビジネスの場では，通常の敬語を用いるだけでなく，接遇の際に慣用として使われている決まり文句がある。それを接遇用語と言うが，接客が多い秘書は身に付けておかなければならない。次は，よく使われる接遇用語の例である。

接遇用語の例

普通の言葉	接遇用語
わたし，おれ，ぼく	私(わたくし)
わたしたち，ぼくたち	私(わたくし)ども
誰	どなた
○○会社の人	○○会社の方
分かりました	かしこまりました
分かりません	分かりかねます
ごめんなさい	申し訳ありません
できません	いたしかねます
知りません	存じません
どうですか	いかがですか

第2章 秘書のコミュニケーション

演 習

1. 午後1時の面会予定の客が来た。しかし，上司は会議が延びているため，少なくとも30分待ってもらうように言われた。客にどのように言って頼むとよいか。
2. ＯＡ機器のセールスマンが来たが，自分の会社ではＯＡ機器の購入先は決まっているので，飛び込みのセールスは断ることになっている。どのように言って断るとよいか。
3. 上司（社長）から，「営業部長に，すぐ私のところまで来るように連絡してください」と言われた。秘書として，営業部長にどのような言い方をしたらよいか。
4. 上司（社長）から呼ばれて，「この資料をコピーして，支店長宛てに送ってください」と言われた。秘書として，どのような受け答えをしたらよいか。
5. 上司（社長）から銀行に行ってほしいと頼まれた。ところが，午前中は会議の準備で手が離せない状態だとしたら，どのように上司に言えばよいか。
6. 上司から依頼された本を注文したところ，品切れだから取り寄せるのに10日ほどかかるといわれた。このことを上司に，どのように報告すればよいか。

練習問題

秘書検定の実問題で練習し理解を深めよう。

1. 秘書Ａは来客を案内中に他部署のＫ部長から，「頼んでおいた資料はどうなったか」と聞かれた。その資料は，来客の案内が終わったら届けに行くつもりでいた。このような場合Ａは，①Ｋ部長にどのように応答すればよいか。また，Ｋ部長に応答した後，②来客にはどのように言えばよいか。その言葉をそれぞれ答えなさい。　　　　　　　　　　　　　　　　　（3級）

2．新人Ａ（女性）は秘書課に配属された。そこで先輩に秘書としての服装や身だしなみについて尋ねたところ，次のように教えられた。中から不適当と思われるものを一つ選びなさい。　　　　　　　　　　　　（3級）

1) 洋服は上着を着たり脱いだりできるスーツがよいが，柄物は避けた方がよい。
2) 履物も含めて服装は動きやすさで選ぶのがよいが，おしゃれの要素も取り入れるとよい。
3) 身だしなみには礼儀作法なども含まれるので，立ち居振る舞いにも気を付けないといけない。
4) 来客に与える秘書の印象は感じのよさが大切なので，髪形や化粧などにも注意をしないといけない。
5) アクセサリーは自分の好みを大事にしたいところだが，仕事の邪魔になるようなものは着けないのがよい。

3．次は秘書Ａの，上司に対する言葉遣いである。下線部分に適切な言葉を答えなさい。　　　　　　　　　　　　　　　　　　　　　　　（2級）

1) 昼の食事は終わったかどうかを確かめたとき
　　「ご昼食は_____になりましたでしょうか」
2) Ｓ氏からの土産の菓子をお茶と一緒に出したとき
　　「Ｓ様から_____ましたお菓子でございます」
3) 退社時間になり，湯飲みを片付けたとき
　　「お茶を_____してもよろしいでしょうか」

4．秘書Ａは新人のＢが，他に言い方があるのに「すみません」の一つの言葉で済ませていることに気が付いた。ＡはＢに，「すみません」以外の言葉を教えることにしたが，次の場合，何と言うように教えたらよいか。その言葉を答えなさい。　　　　　　　　　　　　　　　　　　（2級）

1) 例えば、上司への報告を忘れていてわびるとき。
2) 例えば、来客から手土産をもらって礼を言うとき。
3) 例えば、訪問先の受付で人を呼ぶとき。

5．秘書Aは、上司に急いで伝えたいことができた。上司は今書類に目を通している。このような場合の、次のことについて答えなさい。
① どのように言って時間を取ってもらうか。その言葉を書きなさい。
② 本題に入る前に、「もう聞いていることとは思うが、ちょっと伝えたいことがある」ということを言いたい。これを丁寧な言い方にして書きなさい。
(準1級)

6．山田部長秘書Aが電話を取ると取引先のY氏からで、上司への面会の申し込みであった。上司に伝えると、「話は分かっている、今回は断っておいてもらいたい」と言う。このような場合、AはY氏にどのように言って断るのがよいか。その言葉を答えなさい。
(準1級)

7．秘書Aは外部主催の中堅社員研修会に出席した。そのとき講師から「例えば、派手な髪の色やネイルアートをしていたり、肌の露出が多い服装の新入社員が配属されたとする。先輩としてどのようなことを言って注意するか」と質問された。このような場合に言うことを箇条書きで三つ答えなさい。
(1級)

8．秘書Aの下に配属された新人Cは、学生のような言葉遣いをすることがある。このようなCを指導する場合、Aはどのようなことを言えばよいか。箇条書きで三つ答えなさい。
(1級)

第3章　接遇

　接遇とは，心を込めて相手をもてなすことであり，客を迎えて，接待をし，見送るまでの一連の行為をいう。
　会社には取引先をはじめとして，関連会社の社員，セールスマン，上司の友人などさまざまな人が訪れる。秘書は上司とこれら多種多様な人々との間に立って，上司が必要な客との面談を効率的に行えるように配慮しなければならない。また，接遇に当たる秘書は，会社の顔として客に大きな印象を与える。秘書の電話応対や，来客応対の善しあしが上司の，ひいては会社のイメージを左右することも忘れてはならない。
　この章では，接遇の基本知識を身に付け，来客応対と電話応対を通して実践的に学んでいく。

1 接遇の基本

1-1 接遇の心構え

　接遇とは，心を込めて相手をもてなすことであり，「いらっしゃいませ」の一言もお辞儀も，相手を迎え入れるという心がなければ，たとえ形が整っていたとしても相手には伝わらない。接遇では次の点を心掛けるようにする。

(1) 相手の気持ちになる
　相手の気持ちになれば，自然と優しく誠実で思いやりのある態度で接することができる。

(2) 適切な応対をする
　仕事に関するしっかりとした知識を身に付け，誤りのないよう正確に，相手をできるだけ待たせないようにてきぱきと迅速に，相手によって態度を変えることなく公平に応対する。

(3) 礼儀正しくする
　常に相手に敬意を払い，服装や態度，言葉遣いなどのマナーを守って礼儀正しく応対する。

(4) 感じよくする
　明るい笑顔と柔らかい物腰，心のこもった話し方などで，感じのよい応対をする。

(5) 臨機応変に応対する
　さまざまな状況を的確に捉え，相手に合せた臨機応変な応対をする。

1-2 客のマネジメント

　会社には取引先をはじめとして，関連会社の社員，セールスマン，上司の友人などさまざまな人が訪れるが，多忙な上司は，全ての来客や電話に応対することは難しい。そこで，どのような場合にどのような客を上司に取り次ぐかのマネジメントが必要になるが，次の点に気を付けなければならない。

（1）上司のスケジュールを把握する

上司のスケジュールを十分に把握しておくと，突然の来客や電話に対しても，適切な判断をすることができる。

（2）客の分析をする

どこの誰か，上司との関係はどうか，アポイントメントはあるか，用件の重要さや緊急度はどのくらいかなどを分析し，臨機応変に応対しなければならない。

（3）上司の好みを知る

上司のスケジュールを把握し，客の分析をした上で重要なのは，上司の好みを知ることである。誰とでも気軽に会う上司もいればあまり会いたがらない上司もいる。このような上司の好みを，日頃の言動からつかんで適切に応対しなければならない。

2 来客応対

2-1 来客応対の要領

来客応対は基本的に，受け付け・取り次ぎ，案内，接待，見送りのステップになる。このステップについて，正しい処理の仕方と注意点を身に付けよう。

（1）受け付け・取り次ぎ

来客があったら，すぐに立ち上がり椅子を両手でしまい，「いらっしゃいませ」と笑顔で一礼する。

① 名刺を出された場合

胸の高さで両手で「頂戴いたします」と受け取り，所属名と名前を読んで確認する。名前が読めないときは「失礼ですが，どのようにお読みすればよろしいでしょうか」と尋ね，復唱する。

② アポイントメントのある来客の場合

「お待ち申し上げておりました」と積極的に来客に声を掛け，あらかじめ準備しておいた応接室に案内してから，上司に取り次ぐ。

③　アポイントメントのない来客の場合

　　来客の氏名・所属名・用件・所用時間などを尋ね，上司に取り次ぐ。その際，上司の在否は伏せ，もし断る場合にも来客の気分を害さないため「お会いできるかどうか，分かりかねますが」という一言を添える。

(2) 案内

　来客を案内する時は，「応接室にご案内いたしますので，どうぞこちらへ」などと一声掛けてから案内する。

　①　廊下の案内

　　来客の歩調に合わせて，斜め前を先に立って歩く。後ろを振り返って確かめながら，自分だけが進み過ぎないように注意する。曲がり角では「こちらでございます」と手で方向を示しながら案内する。

　②　エレベーターでの案内

　　行き先の階を事前に告げておく。乗るときは，秘書が「お先に失礼いたします」と言って先に乗りボタンを押して待ち，降りるときは来客を先に降ろす[1]。ただし，エレベーターが混んでいるときは順に降りる。

　③　階段での案内

　　行き先の階を事前に告げておく。下りるときは，秘書が「お先に失礼いたします」と言って先に下り，上るときは来客に先に上ってもらう[2]。

　④　応接室への招き入れ方

　　応接室の前に来たら「こちらでございます」と言って，ノックをしてからドアを開ける。ドアの開け方は，外開きのドアの場合は，秘書が外でドアを押さえ来客を先に中に入れる。内開きのドアの場合は，秘書が先に中に入りドアを押さえ，来客を招き入れる。

　　応接室に入ったら「あちらにお掛けになってお待ちくださいませ」と上座を勧める。上司に取り次ぎに行くときは，「ただ今取り次いでまいりますので少々お待ちくださいませ」と言ってから下がる。

1）ホテル業界などでは，エレベーターに乗るときも客を先にするのが一般的である。
2）階段で後ろからついてこられるのを嫌う客もいるので，案内人が先に上がる場合もある。

外開きのドア　　　　　　　　内開きのドア

(3) 接待
① お茶の運び方
　お茶は茶わんと茶たくを別々にしてお盆に載せ，胸の高さに持って運ぶ。こぼれてしまったときに備え，布巾も用意しておくとよい。
② お茶の出し方
　サイドテーブルがあればお盆をいったんそこに置き，茶わんと茶たくをセットして，「どうぞ」と一言添えて両手で一つずつ出す。サイドテーブルがない場合はテーブルの端にお盆を置き，そこから一つずつ出す。出し方は，客から（上座の順），次に社内の者（地位の順）とする。お茶と菓子を出す場合には，菓子を先に出す。机の上に書類などがあるときは，「こちらでよろしいでしょうか」とお茶を置く場所を確認する。配り終えたら，盆を脇に抱え「失礼いたします」と一同に会釈して下がる。

■応接室の席
※数字は席次順

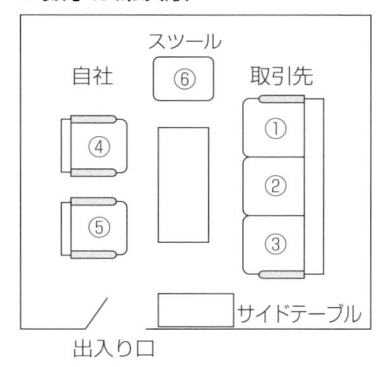

　　　　スツール
自社　　　⑥　　　取引先
　④　　　　　　　①
　　　　　　　　　②
　⑤　　　　　　　③
　　　　　　　サイドテーブル
出入り口

(4) 見送り

　客が帰るときは見送りをする。受付や秘書の席で見送るときは，立ち上がって「失礼いたします」などとあいさつする。エレベーターまで見送るときはドアが閉まるまで，車まで見送るときは車が走り去るまで，会釈の姿勢で待つようにする。

　客を見送った後は，直ぐに応接室を片付けておく。

(5) 来客応対の基本パターン

アポイントメントあり	アポイントメントなし
受付 「いらっしゃいませ」 ↓ 「失礼ですが，どちら様でいらっしゃいますか」 「○時にお約束の○○会社の○○様でいらっしゃいますね。お待ち申し上げておりました」	受付 「いらっしゃいませ」 ↓ 「失礼ですが，どちら様でいらっしゃいますか」 「○○会社の○○様でいらっしゃいますね」 ↓ 「失礼ですが，本日はどのようなご用件でございますか」 「○○に○○の件でございますね」 ↓ 「お時間はどのくらいお取りしたらよろしいでしょうか」 「○分程度でございますね」 「かしこまりました」 ↓
	取り次ぎ 「お目に掛かれるかどうか分かりかねますが，ただ今取り次いでまいりますので，少々こちらでお待ちください」 ↓
案内 「応接室にご案内いたしますので，どうぞこちらへ」 ↓	案内 「お待たせいたしました」 「応接室にご案内いたしますので，どうぞこちらへ」 ↓
「どうぞこちらへお掛けください」 「ただ今まいりますので，少々お待ちください」 ↓	
見送り 「ごめんください」「失礼いたします」	

2-2　さまざまな来客応対

（1）上司が不在の場合

　上司が不在の場合は，「あいにく，○○は外出しております。○時に戻る予定ですが，いかがいたしましょうか」と帰社予定を告げ，「私，秘書の○○と申しますが，お差し支えなければご伝言を承りますが」のように，伝言はないか，代理の者ではどうかなど相手の意向を確認し，秘書としてできる限りの対応をする。

（2）断る場合

　面会を断る理由には二つある。一つは，上司が多忙で実際に面会できない場合である。「大変申し訳ございませんが，○○は本日予定が立て込んでおりましてお会いすることができかねます」と丁寧にわびるのはもちろんであるが，相手の意向を確認し，次の面会の約束をするなど，秘書としてできる限りの対応をする。もう一つは，いわゆる「招かれざる客」であるが，この場合は，総務部などの担当部署に回すなど，あらかじめ決めておいた対応をする。

2-3　来客応対の英語表現

　相手が外国人だからといって，特に変わった応対が必要なわけではない。言葉が分からないからといって，おどおどすることなく堂々とした態度をとるようにしたい。外国人客の全てが英語を話すとは限らないが，来客応対でよく使われる英語表現には次のようなものがある。

- Good morning(afternoon), may I help you.　　「いらっしゃいませ」
- May I have your name, please?　　「お名前をお聞かせください」
- I beg your pardon.　　「もう一度おっしゃってください」
- We are waiting for you.　　「お待ちしておりました」
- Let me show you the way.　　「こちらへどうぞ」
- Just a moment, please.　　「少々お待ちください」
- Please be seated.　　「どうぞお掛けください」

3 電話応対

3-1 電話の特性

電話には次のような特性があるので，その特性を理解して適切な応対を心掛けるようにする。

(1) 声だけで相手が見えない
姿勢を正して，相手が聞きやすいように適切な大きさの声ではっきりと話す。

(2) 一方的である
相手の都合を確認してから話す。

(3) 記録が残らない
相手の名前を確認して，メモを取り復唱確認する。

(4) 費用が掛かる
話す用件はまとめておき，簡潔に分かりやすく話す。

3-2 電話の受け方

(1) 電話の受け方の要領

① 呼び出し音が鳴ったら

　　できるだけ早く電話に出る。姿勢を正して，利き手でない方で受話器を取り，利き手で筆記用具を持ちメモの準備をして，会社名，部署名，自分の名前などを「○○会社○○課，○○でございます」のように名乗る。

② 相手が名乗ったら

　　相手の所属と名前を復唱確認して，「○○会社の○○様でいらっしゃいますね。いつもお世話になっております」のようにあいさつをする。

③ 相手が名指し人を指定したら

　　相手が指定した名指し人の名前を「○○でございますね」のように確認する。

④ 用件を聞く

　　メモを取りながら，「失礼ですが，どのようなご用件でいらっしゃい

ますか」のように聞き違いのないように注意して聞き，聞き終えたら「○○の件でございますね」と復唱して確認する。
⑤ 名指し人に取り次ぐ場合
「少々お待ちくださいませ」と取り次ぎの言葉を言い，電話機の保留ボタンを押す。名指し人に，相手の所属と名前，用件を「○○会社の○○様から○○の件でお電話です」のように簡潔に伝えて取り次ぐ。
⑥ 名指し人が電話に出られない場合
「申し訳ございません」「恐れ入りますが」などの緩衝語[3]（かんしょうご）を入れ，事情を説明する。
・電話中「ただいま○○は他の電話に出ております」
・離席中「あいにく○○は席を外(はず)しております」
・外出中「ただいま外出しておりまして，○時に戻る予定でございます」
⑦ 伝言を受ける場合
「私，秘書の○○と申しますが，お差し支えなければご用件を承ります」のように自分を名乗り責任の所在を明らかにして，伝言を受けることを進んで申し出る。
⑧ 折り返し電話をする場合
念のため相手の電話番号や所属を聞き，「復唱いたします。○○の件でございますね。確かに○○（名指し人）に申し伝えます」のように用件，電話番号などを復唱確認する。
⑨ 終わりのあいさつ
内容にふさわしいあいさつを，「お電話ありがとうございました。失礼いたします」，「せっかくおかけくださいましたのに失礼いたしました」などのようにする。
⑩ 電話を切る
電話は原則かけた方が先に切るのが原則である[4]。相手が切るのを待ってから静かに切る。

---

3) クッション言葉とも言い，相手への心遣いを表す。
4) 相手が目上の方の場合は，相手が電話を切るのを待つ。

⑪ 伝言メモを書く

　電話内容について，月日・時刻，相手の名前・所属・電話番号，用件，自分（電話を受けた人）の名前など，５Ｗ３Ｈ[5]の要領でメモを書く。メモを書いたら，名指し人のデスクに置き，名指し人が戻ったらメモのことを伝え，自分が受けた電話は最後まで責任を持つようにする。

伝言メモ

```
_____山田_____様へ
____早稲田物産____の____島田____様から
電話がありました
☑ 電話を頂きたい
    Tel（ 03 ）3209 － ○○○○
□ もう一度電話します
（　　日　　時頃）
□電話があったことをお伝えください
用件____注文の件_____

        9月 6日 10時 40分  長谷 受け
```

5）第2章 p.31参照のこと。

（2）電話の受け方の基本パターン

取り次ぎをする場合	名指し人が不在の場合
「○○会社○○部でございます」 ↓ 「失礼ですが，どちら様でいらっしゃいますか」 「○○会社の○○様でいらっしゃいますね」 「いつもお世話になっております」	
↓ 「失礼ですが，どのようなご用件でいらっしゃいますか」 「○○に○○の件でございますね」 ↓ 「少々お待ちください」 ↓ 「○○部長， ○○会社の○○様から， ○○の件でお電話です」	↓ 「あいにく○○は出かけておりますが，○時ごろ戻る予定でございます」 ↓ 「私（わたくし），秘書の○○と申しますが，お差し支えなければご用件を承りますが」 「○○の件でございますね。かしこまりました」 ↓ 「念のためお電話番号をお願いいたします」 「○○番でございますね。かしこまりました」 ↓ 「戻りましたら確かに申し伝えます」 「せっかくおかけくださいましたのに，大変失礼いたしました」

3-3　電話のかけ方

（1）電話のかけ方の要領

① かける準備

　話す内容をメモにまとめ，必要な資料や書類と筆記具を用意しておく。相手の電話番号，所属部署と職位（肩書）を確認する。

② 相手が出たとき

　「私，○○会社の○○と申しますが，恐れ入りますが○○様をお願いいたします」のように，こちらを名乗り，名指し人を告げる。

③ 名指し人を確認して，あいさつをする。

　名指し人が出たら「○○様でいらっしゃいますか。私，○○会社の○○と申します。いつもお世話になっております」と相手を確認して，自分を名乗りあいさつをする。

④　相手の都合を確認する

　電話は受け手の状況に関係なく一方的に割り込む特性を持っているので，用件に入る前に「○○の件でございますが，ただ今お時間よろしいでしょうか」などと，相手の都合を確認する。急ぎの場合以外は，相手が忙しいと思われる時間帯は避けて電話をかける。

⑤　用件を告げるとき

　用件は結論から言い，簡潔に話す。用件が複数あるときは，「お伝えしたいことが2件ございますが，よろしいでしょうか」のように用件の数を言うとよい。

⑥　名指し人が不在で伝言を頼むとき

　「恐れ入りますが，ご伝言をお願いできますでしょうか」のように，相手の都合を確認してから伝言を頼む。

⑦　電話を切るとき

　重要な点を繰り返し，「それではどうぞよろしくお願いいたします。失礼いたします」のようにあいさつをして電話を切る。受話器は，フックを指で押してから静かに置く。電話は原則かけた方が先に切る。

携帯電話にご用心！

携帯電話は便利ですが，相手の都合などに関係なくいつでもどこでもつながってしまいます。相手は多少無理をしてでも電話を受けているかもしれませんので，電話をかけた時は必ず「ただ今，お時間よろしいでしょうか」などと相手の都合に配慮することを忘れないようにしましょう。

(2) 電話のかけ方の基本パターン

相手が出た場合	相手が不在の場合
「私（わたくし），○○会社○○課の○○と申します。いつもお世話になっております」 「恐れ入りますが，○○課の○○様をお願いいたします」	
↓	
「○○様でいらっしゃいますか。私（わたくし），○○会社○○課の○○と申します。いつもお世話になっております。ただ今，お時間よろしいでしょうか」	戻る時間を確認するならば， 「そうですか，お戻りの時間はお分かりですか」 ↓ 伝言，連絡をするか聞かれたら， 「お願いできますでしょうか」
↓	↓
「用件（先日，ご依頼いただきました○○の件ですが……，お忙しいところ恐縮ですが○日までにご連絡いただきたいと思うのですが）など」	連絡先を聞かれたら， 「電話番号は○○○○でございます。○○会社○○課の○○と申します」
↓	↓
「それでは，どうぞよろしくお願いいたします。失礼いたします」	相手の復唱が終わったら， 「はい，それでは，よろしくお願いいたします。失礼いたします」
↓	
かけた方から電話を切る	

3-4 電話応対の言葉遣い

電話応対でよく使われる言葉遣いには次のようなものがある。適切な場面で適切な言葉を使いこなせるようにしたい。

- 呼び出し音が3回以上鳴って出るとき
   「お待たせいたしました」
- 相手が名乗らないとき
   「失礼ですが，どちら様でいらっしゃいますか」
- 相手の声が聞こえないとき
   「失礼ですが，お電話が遠いようですが」
- 相手の話が聞き取れないとき

「恐れいりますが，もう一度お願いいたします」
- 電話が途中で切れてかけ直したとき（かけた方からかけ直すのが原則）
「電話が途中で切れまして，大変失礼いたしました」
- 取り次ぎを依頼された名指し人が，電話口に出るまでに時間がかかるとき
「長くなりそうですので，こちらからおかけするようにいたしましょうか。それともこのままお待ちくださいますか」
- 名指し人が不在で伝言を受けるとき
「私，秘書の○○と申します。お差し支えなければ，ご用件を承りますが」
- 間違い電話をかけてしまったとき
「申し訳ございません。番号を間違えました。失礼いたします」
- 間違い電話がかかってきたとき（親切，丁寧に応対する）
「こちらは○○病院でございますが，何番におかけでしょうか」
「こちらは○○○○番でございますが，お間違えではありませんか」

3-5　電話応対の英語表現

電話応対でよく使われる英語表現には次のようなものがある。言葉が分からないからといって，おどおどすることなく，基本的な取り次ぎはできるようにしたい。

- Good morning (afternoon), ○○ Company.　May I help you?
「○○会社でございます」
- May I ask Who is calling, please?
「どちら様でいらっしゃいますか」
- Hold the line, please.
「少々お待ちください」
- I'm sorry, Mr. ○○ is on another line now.
「○○はただ今，他の電話に出ております」
- Would you care for wait, or shall I have him call you back.
「お待ちになりますか。それとも，こちらからお電話いたしますか」

演 習

1．次の場合の来客応対を，秘書としてどう応対すればよいか考えて練習しなさい。

　① 客が訪ねてきたが，あいにく上司は得意先に出かけて不在である。帰社予定時刻は3時30分である。

　② 客が訪ねてきた。用件は新製品の説明会のことである。上司は，あと30分で神戸に出張することになっている。

　③ 山川商事㈱の山川肇氏が来社された。上司は在席しているが面会の約束はない。用件は営業部長に就任したあいさつである。

　④ 福祉事業団の会長の島一郎氏が，寄付の依頼で上司（社長）を訪ねてきた。しかし，この会社では，寄付関係は総務課で担当することになっている。

2．次の場合の電話応対を，秘書としてどう応対すればよいか考えて練習しなさい。

　① 上司（社長）が，今日の午後4時に山川商事㈱山川社長と会うことになっていたが，急用ができたので，明日，午後2時に変更してもらいたいということを頼む電話をかける。

　② あずま商事の山田販売部長から，上司（部長）に電話がかかってきたが，あいにく上司は緊急会議中で，あと1時間ほどかかり，会議中は電話は取り次がないように言われている。用件は，明後日の午後3時に訪問したいが都合はどうかという問い合わせである。

　③ 上司（部長）が外出中のところへ，三葉電機の山田部長から電話がかかってきた。用件は明日の午後3時に訪問したいと言う面会の申し込みである。

　④ 日本開発センター㈱の山崎氏に，中南米市場の資料を頼んでおいたのが届いた。上司（部長）から先方にお礼の電話をかけるように指示された。

練習問題

秘書検定の実問題で練習し理解を深めよう。

1．次のような電話の場合，秘書Aはどのように言うのがよいか。下線部分に適切な言葉を答えなさい。　　　　　　　　　　　　　　　　（3級）

　1)　呼び出し音が何回も鳴っている電話に出るとき
　　　「大変_____いたしました」
　2)　電話の相手の声が小さくて，よく聞き取れないとき
　　　「_____が少々遠いようですが」
　3)　電話をかけ，今話してもよいかと相手の都合を聞くとき
　　　「ただ今，お時間は_____」

2．秘書Aの上司（山田部長）のところに不意の来客があった。初めての客である。次はこのときのAの対応を順に述べたものである。（　　）内に適切な用語を答えなさい。　　　　　　　　　　　　　　　　　　（3級）

　1)　会社名と（ a ）を尋ねた。
　2)　（ b ）を両手で受けて預かった。
　3)　面談の（ c ）はしてあるか，どのような（ d ）かを尋ねた。
　4)　（ e ）に（ b ）を渡し（ d ）を伝えて，会うかどうかを確認した。

3．来客の見送りのポイントを，次の三つのケースについて答えなさい。
　　　　　　　　　　　　　　　　　　　　　　　　　　　　　　　（2級）

　1)　受付で来客を見送るとき
　2)　エレベーターに乗る来客を見送るとき
　3)　車で帰る来客を見送るとき

4. 次のような来客の場合，どのように尋ねるのがよいか。適切な言葉を答えなさい。　　　　　　　　　　　　　　　　　　　　　　　　（2級）

1) 上司を訪ねてきた客に，受け取った名刺の名前の読み方を尋ねるとき。
2) 客から名前が「小山」と書いてある名刺を渡されて，「コヤマと読むのかオヤマと読むのか」と尋ねるとき。
3) ナカジマさんに会いに来たという客に，「ここにはナカジマというものはいない。ナガシマならいるがどうしようか」と尋ねるとき。

5. 部長秘書Aは新人Bから質問をされた。次のようなとき，お茶はどのように出せばよいかというものである。Aはそれぞれにどのように答えるのがよいか。簡単に答えなさい。　　　　　　　　　　　　　（準1級）

1) 来客が複数いて，誰が上位者か分からないとき。
2) お茶を持っていったところ，来客と上司が立って名刺交換をしていたとき。
3) 来客と上司のお茶を持って行ったところ，課長も座っていてお茶の数が足りないとき。

6. 次は，山田部長秘書の田代が電話で相手に言った言葉である。「　」内に適切な言葉を答えなさい。　　　　　　　　　　　　　（準1級）

1) 今出掛けるところなので，後でこちらからかけると言われたとき
　　「　　　　　　　　　」と時間を尋ねた。
2) そちらに向かっているが，道路が混んでいて遅れそうだと言われたとき
　　「今　　　　　　　　」と，かけている所を尋ねた。
3) 上司への伝言を頼まれたとき
　　「山田に　　a　　。」「私，　　b　　」と言った。

7. 広報部長秘書Aは，応対した客から名刺を出され用件を告げられたが，その用件を担当するのは人事部である。このような場合，Aはどのように対応するのがよいか。順を追って箇条書きで答えなさい。　　　　　　（1級）

8. 秘書A(小林)の上司(山田部長)は外出している。外出先はG支店で，今，支店長と打ち合わせをしている時間である。そのような折上司の家族から電話が入った。上司は外出していると言うと，親戚に不幸があったので至急自宅に連絡をもらいたいということである。このような場合，小林はG支店に電話をすることになるが，次の①と②について，それぞれの対応の言葉を答えなさい。　　　　　　（1級）

　① 上司の家族に
　② G支店の電話に出た人に，自分を名乗った後に（二つのケースで）

お茶のもてなし

　茶菓の接待は，相手に対する心遣いの表れです。お客さまにお出しするお茶には，わざわざ来てくださったことに対する感謝の気持ちが込められています。のどの渇きを癒していただくだけでなく，くつろいでいただきたいというもてなしの気持ちの表れなのです。また，社内の会議や打ち合わせで出すお茶にも，話し疲れて乾いたのどの渇きを癒すと同時に，気分転換になり会議を活性化させる役割があるのです。

　せっかく入れるお茶なら，おいしく入れたいものです。おいしいお茶の入れ方のポイントを確認しておきましょう。

① 急須，茶わん，茶たくを準備する。
② 急須と茶わんにお湯を入れ温め，温まったらお湯を捨てる。
③ 適量のお茶の葉を急須に入れ適温のお湯を注ぐ。（一般的な煎茶の場合，一人当たりの分量は茶さじ1杯程度，湯温は70～90度程度）
④ 1～2分待ってから，茶わんの7分目くらいまで注ぐ。
⑤ 2人分以上のお茶を入れるときは，お茶の濃さ同じくらいになるように何度かに分けて順番に注ぐ。

　皆さんも，是非，自分でお茶を入れてみてください！

第 4 章　慶弔と贈答

　秘書は，上司を補佐するために，仕事に関わるこまごましたことを行わなければならない。そのためには，幅広い知識が必要であるが，特に慶弔関係の仕事には，いろいろな「しきたり」がある。

　この章では，こうした秘書の仕事に必要な慶弔と贈答の知識を学んでいくが，これらの知識は，ビジネスだけに必要なものではない。ここで習得した知識を日常生活のさまざまな機会で生かして，実践力を育てるように努力してほしい。

1 慶弔

1-1 情報の収集

慶弔についての情報の収集と，その対応は秘書の仕事である。秘書は新聞などに載っている慶弔記事を見落とさないようにしなければならない。また，関係会社の秘書とつながりを持って，情報が入手できるようにしておくことも大切である。

慶弔についての情報を得たら，その情報が正確なことを確かめた上で，会社または上司として何をどの程度するかについて，上司と打ち合わせて対応をする。

1-2 慶事

慶事(けいじ)とは祝い事のことである。その主な内容と対処の仕方は次の通りである。

(1) 昇進・栄転・就任

一般には祝電を打つことが多い。知人や友人など親しい間柄なら歓送迎会を開いたり，転勤の場合は，餞別(せんべつ)を贈ることもある。

(2) 受章・受賞

勲章(くんしょう)[1]や褒章(ほうしょう)[2]の受章，各種の受賞を知った場合，一般には祝電や祝い状を出すことが多い。親しい間柄であれば，まず上司自身が電話などでお祝いを言うことも多い。勲章や褒章には次の表の種類がある。

勲章と褒章の種類

勲　章	文化勲章，瑞宝章(ずいほうしょう)，宝冠章(ほうかん)，旭日章(きょくじつ)，菊花章(きっか)
褒　章	紅綬(こうじゅ)，緑綬(りょくじゅ)，藍綬(らんじゅ)，紺綬(こんじゅ)，黄綬(おうじゅ)，紫綬(しじゅ)

---

1) 国家や公共に対する勲功・功労を表彰して国から授けられる記章。
2) ある分野において，立派な行い，功績のあった人を表彰するために国から与えられる記章。

（3）賀寿

賀寿[3]とは長寿の祝いのことである。先生や先輩，会社の関係者などには，贈り物をしたり，お祝いの会に出席したりする。

賀寿の種類

年齢	60歳	70歳	77歳	80歳	88歳	90歳	99歳
賀寿	還暦（かんれき）	古希（こき）	喜寿（きじゅ）	傘寿（さんじゅ）	米寿（べいじゅ）	卒寿（そつじゅ）	白寿（はくじゅ）

（4）祝賀行事

祝賀行事とは祝い事の行事のことである。落成式[4]・開店（業）披露（ひろう）などの祝賀行事が行われるときは，祝い品を贈る。招待状が来たときは，指定日までに必ず返事を出し，出席の場合はご祝儀（しゅうぎ）[5]を用意していくのが一般的である。

（5）結婚

上司の友人・知人・縁者・会社関係者などに関わる結婚の場合，式場に祝電を打つ場合，お祝い品を贈る場合，披露宴に招待を受けて出席する場合，披露宴に仲人（なこうど）[6]として出席する場合，などがある。

（6）慶事の服装

男性は，昼間であればモーニングに，ネクタイはシルバーか白の無地またはストライプで，手袋は白，靴と靴下は黒になる。夜であれば燕尾服（えんびふく）に白のネクタイか，タキシードに黒のちょうネクタイで，手袋とハンカチーフは白，靴下は黒，靴は黒のエナメルが正式である。略式の場合は，ダークスーツとなる。女性は，昼はアフタヌーンドレス，夜はイブニングドレスとなる。

和装の場合は昼夜の区別はないが，男性は黒羽二重（くろはぶたえ）の羽織袴（はおりはかま）で，染め抜き

3）もともと長寿の祝いは数え年（生まれた日を1歳として数える数え方で，その後，元日を迎えるごとに一つ年を取ることになる）で行っていたが，今は満年齢で行うのが一般的である。
4）工事が完了して建築物などが出来上がったことを祝う式。
5）お祝いとして贈る金品。
6）結婚の仲立ちをする人のことで，媒酌人（ばいしゃくにん）ともよばれる。

の五つ紋か三つ紋となる。女性は未婚者は振袖,既婚者は留袖(とめそで)となる。

　招待客としてではなく,秘書として出席する場合は,礼服に準じて少し改まったスーツやワンピースで,胸にコサージュを着ける程度にして,職場に戻って仕事をすることも考慮するようにする。

慶事の服装（男性）

正　装			略　装
昼	夜		
モーニングコート	タキシード	燕尾服	ダークスーツ
	black tie	white tie	

1-3　弔事

弔事とは葬式などの弔(とむら)い事の行事のことである。その主な内容と対処の仕方は次の通りである。

(1) 通夜

本来，通夜(つや)とは，故人の家族や親しい人がひつぎの前で一晩過ごすことである。故人と関係が深かった場合には，なるべく早くお悔やみに行き通夜に参列するが，長居はしないように気を付ける。

(2) 葬式と告別式

葬式には，仏式，神式，キリスト教式，無宗教式などがある。仏式と神式では，葬式の後，故人と最後のあいさつをする告別式に移る。遠方などで参列できないときは弔電(ちょうでん)を打つ。葬式の代表者を喪主という。

(3) 社葬

会社が主催して行う葬式を社葬という。社葬は，業務上死亡した社員や，会社に功績のあった創立者や社長などが亡くなった場合に執り行われる。社葬の代表者は葬儀委員長という。

(4) 法要

法要は，故人の冥福(めいふく)を祈る式のことで，仏式と神式では法事ともいう。

①仏式：7日ごとに法要を営むが，初七日，忌明けの四十九日（宗派によっては三十五日）などが盛大である。年忌としては，一周忌，三周忌などがある。

②神式：10日ごとに霊祭を行うが，翌日祭，十日祭，二十日祭と続き，五十日祭で忌明(きあ)けになる。

③キリスト教式：故人を偲ぶ人たちで日を決めて追悼式を催す。

(5) 弔事の服装

通夜は，喪服でなく地味な平服でも構わない。葬式や告別式は，男性は黒のスーツが一般的で，白のワイシャツに黒のネクタイ，靴，靴下にする。女性も黒のスーツなどの喪服で，靴，バッグも黒[7]で，化粧などは控えめにす

---

7) 靴・バッグは革ではなく布製が正式とされている。革は光沢のないものにする。

る。アクセサリーは結婚指輪と一連の真珠以外は着けない。

1-4　パーティー

秘書は，上司の指示でパーティーを企画したり，準備を担当することがある。パーティーの形式やマナーについて正しい知識を身に付けなければならない。

(1) パーティーの形式

① ディナー・パーティー
　正式な晩餐会(ばんさんかい)で，フルコースが出され，席次も決まっている。

② ランチョン・パーティー
　正式な昼食会で，席次も決まっている。

③ カクテル・パーティー
　夕刻から始まり1～2時間程度で，時間内なら入出は自由である。立食形式で，飲物がメインで食事は軽食である。

④ カクテル・ビュッフェ
　カクテル・パーティーに食事が加わったものである。

(2) パーティーの服装

パーティーの形式や格式を考慮して決めるが，招待状に指定がある場合はそれに従う。フォーマルな場合は，男性はタキシード，女性はイブニングドレスなどになる。インフォーマルな場合（平服）は，男性はダークスーツ，女性はワンピースやスーツなどとなる。

なお，招待客としてではなく秘書として出席する場合は，慶事の服装の項に準じる。

2 贈答

2-1 贈答品の選び方

　会社名または上司名で，関係者に中元，歳暮，慶弔，見舞いなどに際して金品を贈ることがある。秘書が贈答を任されたときは，目的，相手との関係，相手の立場，予算を考えて贈答品を選ぶ。

中元	7月初めから15日までに贈り，これに遅れたときは「暑中御見舞」，立秋（8月8日）以降に贈るときは「残暑御見舞」とする。
歳暮	12月初めから20日ごろまでに贈り，予算は，中元に比べてやや多いのが普通である。中元・歳暮とも，あいさつ状を添えるのが丁寧である。
結婚・出産	知らせを受けたら，できるだけ早く祝い品を贈る[8]。結婚の場合は，最近は結婚式当日に祝い金を包むことが多い。
結婚記念日	銀婚式（結婚25周年），金婚式（50周年）には人を招いて行うこともある。祝い品には一対の湯飲みや箸，ご夫婦の趣味のものなどがよい。
賀寿	賀寿(がじゅ)とは長寿を祝うことである。祝い品は，書画，陶器など本人の趣味にあった記念になる品がよい。
病気見舞い	現金が最も喜ばれるが，品物のときは容態を確認して食べ物を避けるなどする。鉢植えは根付くといって嫌がられるので避ける。
葬式	葬式の前日までに，会社名を記した供物を霊前に届ける。先方指定の葬儀社を通して頼むのが普通である。香典は，通夜や葬式の際に持参するが，遠方の場合は悔やみ状を添えて郵送する。

8）祝い品を届けるときは，大安吉日の午前中がよいとされている。

2-2 贈答品の包み方

改まった贈答の場合は，その目的に合った包み方のしきたりに従わなければならない。

(1) 掛け紙

① 品物

品物の掛け紙（贈答品の上包みに用いる紙）には，正式には奉書[9]や半紙を使う。略式の場合は，デパートなどの包装紙の上から包み紙を掛けてもよく，最近は，のしや水引が印刷されているものを使うことが多い。

② 現金

現金は，正式には半紙で中包みして，その上を奉書で上包みする。この包み方にもしきたりがあるが，最近では，市販されている祝儀袋や不祝儀袋を使うのが一般的である。

(2) 水引

水引とは，元々は和紙で作ったこより[10]に薄い糊を引いて乾かし，固めた帯状の紐である。水引は，慶事には紅白や金銀を使いちょう結びにするが，結婚祝いは結び切りにする。弔事には黒白か銀白などを使い結び切りにする。病気見舞いなどには水引は掛けない。

(3) のし（熨斗・熨）

のしとは，元々はのし鮑のことで，鮑を長い筋状に薄くはぎ，引き延ばして乾かしたものである。昔，祝い事に鮮魚を贈る習慣があったことから，縁起物のシンボルとして使われている。弔事には，魚・鳥・卵・海草類は贈らないのがしきたりなので，のしは付けない。

(4) 表書き[11]

慶事や弔事の際の贈答品に，金封やのし紙に贈る趣旨と贈り主の会社名や名前を書くことを表書きという。上包みの中央上部に贈る趣旨，例えば「御

---

9) 上質の和紙
10) こより（紙縒）とは，細く裂いた和紙をよって紐としたもの。
11) 表書きは，「上書き」ともいう。

祝」などの文字を書き，中央下部に贈り主の名前を書く。上書きの主な種類は次ページの表の通りである。

祝　儀　①②の順
不祝儀　②①の順

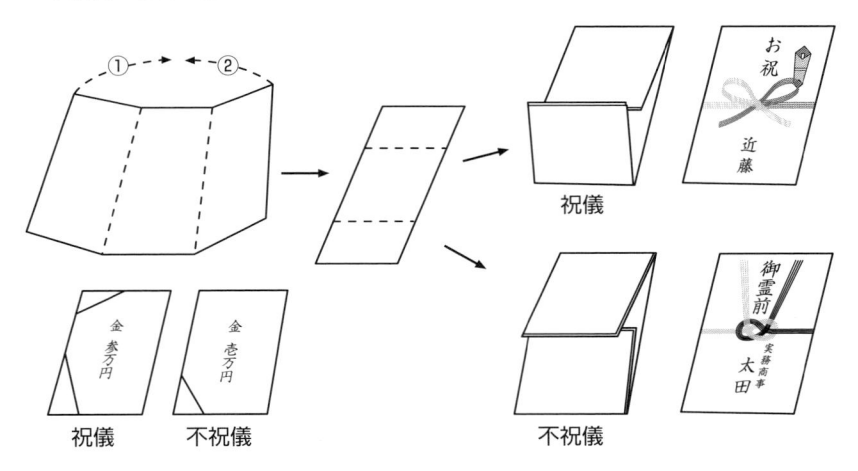

現金の包み方（市販のものを使うとき）

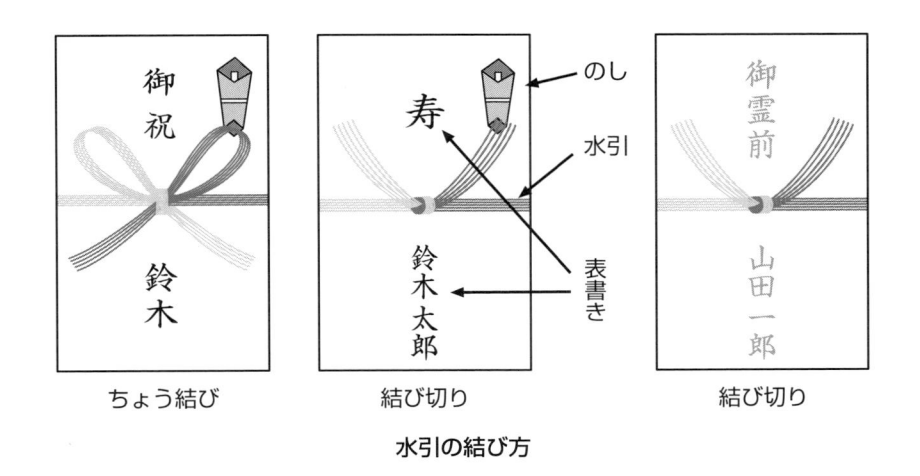

ちょう結び　　　結び切り　　　結び切り

水引の結び方

表書き

	上書き	用途
慶事	御祝	新築，開店，栄転，就任など一般慶事
	寿	結婚，出産，賀寿などの祝い
	内祝	慶事や病気見舞いなどのお返し
弔事	御霊前，御仏前 御香典，御香料	仏式の葬儀，告別式，法要（御仏前は四十九日の法要の後。宗派にもよる）
	御霊前，御神前， 御玉串料（おんたまぐし），御榊料	神式の葬儀，告別式，御霊祭（みたま）
	御霊前，御花料	キリスト教式の葬儀，追悼式，記念式
	志，忌明	香典返し（仏式，神式の場合）
	御布施	葬儀や法要でお寺や僧侶へのお礼
他	謝礼，薄謝 御礼，寸志	一般的な御礼，寸志は目下の人への謝礼
	御見舞，祈御全快	病気，けが，入院のお見舞い
	○○御見舞	災害見舞，○○に震災，火災などを書く
	記念品，御餞別	転勤や送別会など
	粗品	訪問のときの手土産，景品
	御奉納，御祝儀	祭礼などへの寄付，心付け（チップ）
	陣中御見舞	励ましの御見舞（合宿，選挙，楽屋など）

なお，お見舞として暑中御見舞（立秋までに），残暑御見舞（立秋から8月末までに），寒中御見舞（1月6日頃から立春までに）がある。

(5) ふくさ（袱紗）

ふくさとは，絹またはちりめんの風呂敷の小型のものであり，もともとは茶道で用いられた。贈答品の上に掛ける「掛けふくさ」，金封を包む「包みふくさ」があり，いずれも先方に渡す直前に取り出してから渡す。

演 習

1．現金を結婚の祝い用に包む場合の祝儀袋と，香典用に包む場合の不祝儀袋を用意して，各々の上書きを記入しなさい。
2．上司から，取引先の葬儀に供物を手配するように指示された。どのようなものが一般的か調べなさい。
3．上司から，取引先の歳暮に何を贈るのがよいか考えてほしいと言われた。相手の好みや家族構成が分からない場合，どのようなものが一般的か調べなさい。
4．上司から，「会社の創立50周年記念に，社員に渡す記念品には何がよいだろうか。一人2,000円くらいで，喜んでもらえそうなものを考えて欲しい」と言われた。どのようなものがよいか考えなさい。

練習問題

秘書検定の実問題で練習し理解を深めよう。

1．秘書Aは上司から，「取引先の部長の父親が亡くなったので弔電を打ってもらいたい，電文は一般的なものでよい」と指示された。そこで文例集から次の「　　」の電文を選んだ。下線部分の読み方を平仮名で答えなさい。
　　　　　　　　　　　　　　　　　　　　　　　　　　　　　　(3級)

「ご尊父様の　ご逝去を　悼み　ご冥福を　お祈り申し上げます」
　　a　　　　　b　　　　c　　　d

2．秘書A（女性）は，上司の家族の通夜に参列することになった。Aは通夜に参加するのは初めてなので，そのような場での服飾について先輩に相談した。次は，そのとき先輩から教えてもらったことである。中から不適当と思われるものを一つ選びなさい。
　　　　　　　　　　　　　　　　　　　　　　　　　　　　　　(3級)

1) 指輪は,結婚指輪は別としてしない方がよい。
2) 靴は黒色で,飾りのないシンプルなものがよい。
3) 服の色は黒が無難だが,濃い紺色やグレーでもよい。
4) 化粧は控えめにし,マニキュアをするなら透明なものがよい。
5) ハンドバックは黒色がよく,光沢がある方がしめやかな雰囲気に合っていてよい。

3．次の人へ祝いの金品を贈るとき,祝儀袋またはのし紙の上書きはどのように書けばよいか。「御祝」以外の上書きを漢字で書きなさい。　（2級）

1) 家を建てた人へ
2) 77歳を迎える人へ
3) 昇進して転勤する人へ

4．次は秘書Aが,取引先などへの慶事の祝いについて日ごろ心掛けていることである。中から不適当と思われるものを一つ選びなさい。　（2級）

1) 祝い状は,祝いの品が先方に届く日を確認し,その後に届くよう配慮している。
2) 今度の参考のため贈り先別に,いつ何を贈ったかを記録しておくようにしている。
3) 急に祝い金を包むことになったときに備え,新券をいつも用意しておくようにしている。
4) 祝儀袋は,水引がちょう結びと結び切りの2種類をいつも用意しておくようにしている。
5) 賀寿の祝いを忘れずに贈るために,取引先の役員の生年月日を控えておくようにしている。

5．次のそれぞれを何というか。4)以外は漢字で書くこと。　（準1級）

1) 没後2年の命日のこと。
2) 死去したという知らせのこと。
3) 遺族を訪問して悔やみを述べること。
4) 不祝儀袋などを包む小型の四角い布のこと。

6．総務部長秘書Aは，けがで入院した課長の見舞いに部を代表して行くことになった。このような場合Aが，見舞いに行く前にしなければいけないことを，箇条書きで三つ答えなさい。　　　　　　　　　　（準1級）

7．次の場合の贈り物の上書きは何と書けばよいか。漢字で答えなさい。
　　　　　　　　　　　　　　　　　　　　　　　　　　　　　　（1級）
1) 謝礼を交通費として渡したいとき。
2) 地域の祭礼で神社に現金を寄付するとき。
3) 8月下旬に，日ごろの礼として贈るとき。
4) 入院した人に見舞いを贈るとき，「御見舞」以外で。
5) 新社屋が完成した会社にお祝いを贈るとき，「御祝」以外で。

8．秘書Aの上司宛てに，上司の友人の出版記念パーティーの招待状が届いた。上司に渡したところ，「花を贈りたいので手配をして送ってもらいたい」ということである。このような場合，上司にどのようなことを確認したらよいか。予算や届け先の他に，箇条書きで四つ答えなさい。　　（1級）

現代贈答品事情

　いかに相手の好みに合った品を選び喜んでいただくか，贈答品は秘書の腕の見せどころでもあります。一方，お中元・お歳暮は，毎年恒例のことでもあり贈り先の数も多いため，大きな企業では大変な数となり，部署ごとに手配をしていると同じ宛て先に複数贈ってしまうことにもなりかねません。そのため，最近はカタログから贈答品を選んで，贈答先名簿を渡して発送の全てをデパートなど外部の業者に任せてしまうことも多くなっています。

　また，相手が欲しい品を贈りたいという考え方から，カタログギフトも多く利用されるようになりました。贈られた相手は，好みに合わせて自分の欲しいものをカタログから自由に選ぶため，無駄がなく合理的と利用者が増えています。

　いずれにせよ，あまり事務的になりすぎることのないように，品物には必ずあいさつ状やカードなどを添えるなどの心遣いが必要であることに変わりはありません。

第 5 章 スケジュール(予定)管理

　上司の一日は，会議・面談・訪問・出張と多忙である。上司がこれらの仕事をスムーズに処理していくためには，秘書が上司のスケジュールを作成し，その管理・調整をすることが必要である。秘書の日課は，出社した上司と当日のスケジュールの打ち合わせをすることから始まる。
　この章では，スケジュール表の作成の仕方，スケジュールの立て方，調整の仕方を学習する。

1 予定表

1-1 予定表

　上司の予定は，正確かつ綿密に立てる必要があるので，表にして管理するとよい。予定を立て，それを管理することをスケジューリングといい，予定表のことをスケジュール表ともいう。予定表は，その会社や上司によって種類も様式も一定ではなく，上司の忙しさによっては，月間予定表と週間予定表とで十分な場合もある。また，最近は，スケジュール管理用のソフトウエア[1]を利用してパソコン上でスケジュール管理をする場合もある。

　重要なのは，上司が自分の仕事をスムーズに行えるようにすることである。秘書は上司の好みに合わせて配慮し，上司に合った予定表を工夫して作成し使用しなければならない。

　予定表には，一般的に，年間予定表，月間予定表，週間予定表，日々予定表（日程表）の4種類がある。

1-2 予定表の種類

(1) 年間予定表

　年間予定表は，1年間の主な行動予定を一覧表にしたもので，例えば，入社式・株主総会・定例の役員会などの1年間の社内外の主要行事を記入する。この年間予定表から，月間→週間→日というように予定を細別していく。

---

1) 上司の予定には機密に関わる内容も多いため，閲覧者を制限するなど，パソコン上での情報管理に十分に留意する必要がある。

第5章 スケジュール（予定）管理

令和○年　予定表		5月		6月		7月
1	土		月		水	
2	日		火	常務会・部長会	木	
3	月		水	全広協6月例会	金	
4	火		木		土	
5	水		金		日	
6	木		土		月	
7	金		日		火	常務会・部長会
8	土		月		水	
9	日		火	常務会・部長会	木	
10	月		水		金	
11	火		木		土	
12	水		金		日	
13	木		土		月	
14	金		日		火	常務会・部長会
15	土		月	取締役会	水	
16	日		火	常務会・部長会	木	
17	月	取締役会	水		金	
18	火	常務会・部長会	木		土	
19	水		金		日	
20	木		土	支店長会議	月	取締役会
21	金		日		火	
22	土		月		水	
23	日		火		木	
24	月		水		金	
25	火	常務会・部長会	木		土	
26	水		金		日	
27	木		土		月	
28	金		日		火	
29	土		月		水	
30	日		火	常務会・部長会	木	

（2）月間予定表

　月間予定表は，1カ月の行動予定を一覧表にしたもので，主要行事に加えて，出張・会議・訪問・会食などの予定が入る。

6月　予定表		9	10	11	12	13	14	15	16	17	18
1	月		結婚式			第一合金打合せ					
2	火		常務会				部長会				
3	水			経友会				全広協（箱根出張）			
4	木	帰社						愛産連（名古屋出張）			
5	金										
6	土				愛知産業連盟				名古屋　泊		
7	日										
8	月										
9	火										
10	水										
11	木										
12	金										
13	土										
14	日						日東工業工場見学（松戸）				
15	月			取締役会							

（3）週間予定表

　週間予定表は，1週間の確定した行動予定を表にまとめたもので，一般的に利用率が高い。予定は時間単位で正確かつ綿密に記入する。

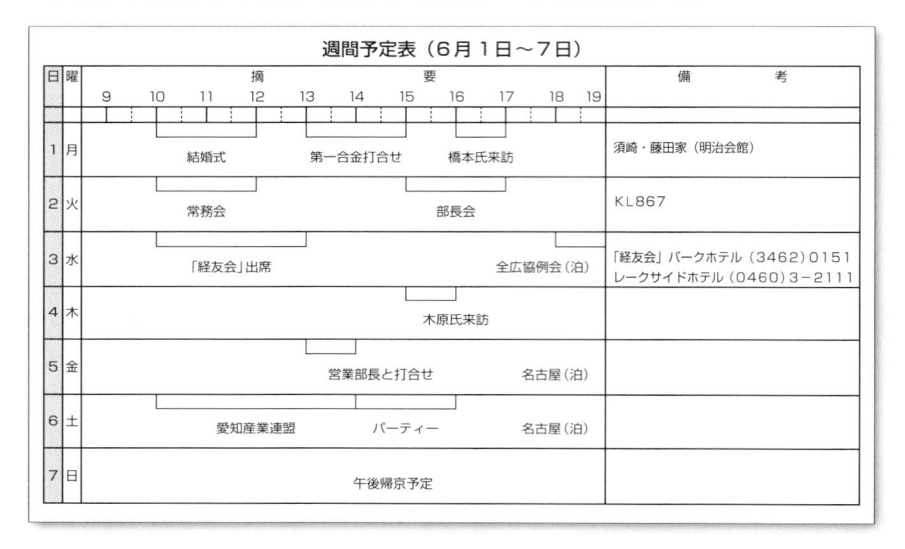

日	曜	摘要（9〜19時）	備考
1	月	結婚式／第一合金打合せ／橋本氏来訪	須崎・藤田家（明治会館）
2	火	常務会／部長会	KL867
3	水	「経友会」出席／全広協例会（泊）	「経友会」パークホテル（3462）0151 レークサイドホテル（0460）3-2111
4	木	木原氏来訪	
5	金	営業部長と打合せ／名古屋（泊）	
6	土	愛知産業連盟／パーティー／名古屋（泊）	
7	日	午後帰京予定	

（4）日々予定表

　日々予定表は日程表ともいい，その日1日の日程を示すもので，上司の行動を細かい時間帯で把握しなければならないときに必要である。この日々予定表では，上司の行動予定に合わせた細かい行動メモ，例えば，社外会議に出席するための出発時刻やその会議の場所・持参資料なども，備考欄にメモしておくと便利である。

6月1日（月曜）		備考
9	車手配	8:45 自宅迎え
10	↑ 結婚式（明治会館）	須崎晃、藤田真弓 スピーチ原稿
11		
12	↓	
1		
2	↑ 第一合金打合せ	山本部長ほか3名 技術部長同席 （第3会議室）
3		

2 予定表の作成

2-1 予定表の様式

予定表を作成するときには，次の点に注意する。
(1) 年間・月間・週間・日々予定表は，各々1枚にまとめると一覧性があって使いやすい。
(2) 日付・時間目盛の上に予定を記入できるようにすると，見やすくて便利である。
(3) 時間目盛は，朝の8時ごろから夜の9時ごろまであると，勤務時間外の予定にも対応できる。
(4) 予定表には備考欄を設けて，メモなどを記入できるようにする。
(5) スケジュール管理用のパソコンのソフトウエアを利用しても便利である。

2-2 予定表の記入

予定表に記入するときには，次の点を心掛ける。
(1) 予定表に記入するのは，会議・面談・訪問・会合・出張など，日時の決まった業務が主なものである。
(2) 表示は簡潔で見やすいようにする。よく使う言葉は，例えば会議→（社内□，社外■）面談→（来訪○，訪問→●），出張→▲などと記号化して記入してもよい。
(3) 備考欄には，会議や面談の場所，電話番号などを要領よく記入しておく。
(4) 直前で予定が変更されたときは，変更前の予定も分かるように，2本線で消して，その横に新しい予定を書き込んでおくとよい。
(5) 月間予定表は前月末に，週間予定表は前週末に，日々予定表は前日に上司の確認を受けて作成し，複写して上司と秘書とが1部ずつ持つ。

(6) 予定表は，社内で上司の行動予定を知っておく必要がある関係部署へも配布するとよい。ただし，配布用の予定表には，上司の私的な行動などについては詳しい記入はしない。

2-3 予定の変更

一つの予定が変更されると，幾つかの予定を調整しなければならないことがある。予定の変更があったら，秘書は次の要領で，速やかに処理をする。
(1) 予定変更があったら，すぐ上司に告げて，上司と秘書の予定表を訂正する。必要があれば，配布した予定表も訂正するとよい。
(2) 予定変更の申し入れがあったら，まず上司に確認して，上司と秘書の予定表を訂正する。
(3) 予定変更によって，他の予定を調整する必要がでてきた場合は，主に秘書の役目である。先方に差し支えのない範囲で事情を説明して丁寧にわび，その上で改めて面会時間を設定する必要があるが，できる限り相手の都合を優先する。変更した予定は，漏れなく予定表に記入する。

3 アポイントメント

3-1 アポイントメントの取り方

アポイントメントとは，事前に申し込みを受け，面談日時の約束をすることである。

上司から，アポイントメントを取るように指示されたら，一般的には電話かメールで先方に申し込む。その際，①訪問者の所属，役職，氏名，②面談希望日時と所要時間，③面談場所，④用件，⑤連絡先と電話番号を伝えるが，あらかじめ二，三面談希望日時を知らせておくと，先方も対応しやすい。

3-2 アポイントメントの受け方

アポイントメントの依頼を受けるときは，先方に先の①～⑤の必要事項を

尋ね，上司の承認を受ける必要がある。基本的には，秘書が自分の判断で勝手にアポイントメントを受けることがないようにするが，何らかの理由で取りあえず約束したときは，相手に後で変更する可能性があることを告げておく。

3-3　アポイントメントの断り方

上司の都合が悪くて断るときは，丁寧に誠意を込めて断る。「誠に申し訳ございませんが……」などという言葉を添え，「ただ今出張中でございますのでお会いすることができません」，「このことにつきましては，どなたともお会いいたしかねます」などのように理由をはっきりと述べる。

3-4　アポイントメントを避けたほうがよい時間

アポイントメントを決める際には，何かと立て込むことが多い次の時間帯はできる限り避けるようにするとよい。

① 会議の直前直後
② 出張の直前直後
③ 始業時間直後，就業時間直前

演　習

あなたは，日本産業㈱山田営業部長の秘書である。6月6日（月曜日）から12日（日曜日）までの週間予定表を設計し，次の予定を記入しなさい。

6月6日（月曜日）
・9：00～11：00，銀座の山葉ホールで開催される新製品の説明会に出席する。
・セールスマンの面接を午後1：00～2：00，第3応接室で行う。
・午後4：00～6：00は，社内の新入社員のフォローアップ研修に出席する。場所は社員クラブである。

6月7日（火曜日）
・三和商事の鈴木一郎部長が，午後3：00に来社する。一時間ほど打合せ。

・午後4：00～5：00の1時間，セールスマン会議（大会議室）に出席する。

6月8日（水曜日）

・販売計画会議（9：00～12：00）に出席する。場所は第2会議室である。

6月9日（木曜日）

・毎週開催される部長会は，第2会議室で午後2：00～5：00までである。
・営業部の新人歓迎会が午後5：00～7：00，海王亭で開かれるので出席する。

6月10日（金曜日）

・部内連絡会議が9：00～10：30に大会議室で開催される。
・人事部主催の人事計画会議が午後1：00～3：00に第1会議室で開催され出席する。

6月11日（土曜日）・12日（日曜日）

・予定なし。

練習問題

秘書検定の実問題で練習し理解を深めよう。

1．経理部長秘書Aが電話に出るとJ銀行のM氏からで，明日の午後3時に訪問したいと言う。上司は外出中で，明日の3時には販売部長との打ち合わせの予定が入っている。上司はM氏の来訪はいつも優先的に受けている。このような場合，Aはどのように対処するのがよいか。次の中から適当と思われるものを一つ選びなさい。　　　　　　　　　　（3級）

1) 上司はM氏の来訪はいつも優先的に受けているので，今回もそのまま受けておく。
2) M氏に上司は外出中と伝えて戻る時間を話し，そのころこちらから連絡させてもらいたいと言う。
3) M氏に，その時間は販売部長との打ち合わせが入っているので他の時間に変更できないかと尋ねる。

4) M氏の電話はそのまま受けておき，販売部長に打ち合わせの時間を変更してもらいたいと頼んでおく。
5) M氏に上司には予定が入っていると話し，用件によっては都合をつけるので用件を聞かせてもらえないかと言う。

2．秘書Aが出社すると上司（部長）から電話があった。体調がよくないので休むということである。それにより変更しないといけない今日の上司の予定は，F部長に同行を頼んでの取引先訪問とN課長との打ち合わせである。次はこれらについてAが順に行ったことである。中から不適当と思われるものを一つ選びなさい。　　　　　　　　　　　　　　　（3級）

1) 上司に，今日の予定は取りやめにして次の機会に行えるように準備しておくが，それでよいかと確認した。
2) 取引先に，急な都合で今日の訪問を延期したいと伝え，次に訪問してもよい日時を幾つか尋ねた。
3) 取引先から言われた日時と上司の都合を調整し，その日時と変更の理由をF部長に伝えて同行をお願いした。
4) N課長に事情を話して延期を伝え，明日以降の都合のよい日時を幾つか尋ねておいた。
5) 上司のスケジュール表の今日の予定を，線で消しておいた。

3．次は秘書Aが，上司のスケジュールが予定通りにいくように配慮していることである。中から不適当と思われるものを一つ選びなさい。　（2級）

1) 上司の体調がよくないときは，予定によっては代理を提案するようにしている。
2) 予定が立て込んでいるときは，次の予定をメモしてその都度渡すようにしている。
3) 朝一番に面談の予定があるときは，前日上司が退社するときそのことを言うようにしている。

4) 面談が長引いているときはお茶の代わりを持って行き,次の予定のメモを上司に渡している。
5) 夜の会合に出掛けた翌朝はお茶を出すときに,昨日は何か予定が入らなかったかをそれとなく尋ねるようにしている。

4．次は秘書Aが,上司の予定表(社内公開用)の作成について行っていることである。中から不適当と思われるものを一つ選びなさい。　　(2級)

1) たとえ1年先の予定であっても,分かっている予定は記入するようにしている。
2) 社外の会合に出席する場合は,備考欄に会社を出る時間も記入するようにしている。
3) 日時が変更されるかもしれない予定の場合は,前日まで記入しないようにしている。
4) 変更で予定表を直すときは,前の予定がどのようなものであったかが分かるようにしている。
5) 私的な予定は書かないようにしているが,場合により「外出」「来客」などと記入するようにしている。

5．秘書Aは上司のスケジュールを組むとき,時間に余裕を持たせた組み方をしている。その理由として,どのようなことが考えられるか。箇条書きで二つ答えなさい。　　(準1級)

6．秘書Aは後輩Bから,「上司のスケジュールで健康上の理由以外に,予定をできるだけ入れない方がよいのはどのようなときか,教えてもらいたい」と言われた。この場合,AはBにどのようなときだと教えるのがよいか。箇条書きで具体的に四つ答えなさい。　　(準1級)

7．上司の行動がスケジュール通りにいかないことがあるとすれば,それ

はどのようなときか。上司に原因があると想定したケースを三つ挙げなさい。また，スケジュール通りに行動してもらうにはどのようにすればよいか。対応を二つずつ答えなさい。 (1級)

8．秘書Aは上司から，取引先E社のS部長に面談のアポイントを取るよう指示された。「新製品のことでどうしても今日明日中に相談したいことがある。時間と場所はS部長に合わせる」ということである。そこでS部長秘書に電話したところ，明後日まで休暇を取って自宅にいると言う。このような場合，AはS部長秘書にどのようなことを言えばよいか。箇条書きで三つ答えなさい。 (1級)

第6章 出張

　上司の出張に際しての秘書の仕事は，出張の計画を立てて，旅程表を作り，出発の準備をし，帰ってからの後始末をするまでの一連の行為である。出張は上司の社外での活動であるから，特に手落ちのないように細かい点にまで心を配り，入念に事前準備をしなければならない。

　出張は，日帰りの国内出張から数カ月の海外出張まで，さまざまある。出張の目的も，儀礼的なあいさつ，販路の拡大のための営業活動などいろいろあり，行き先や期間，目的によって準備の仕方も異なる。この章では，出張の具体的な準備の仕方を学習する。

1 国内出張

1-1 出張日程

　出張の目的と出張先が決まったら，出張の目的を果たすにはどのような予定で行動したらよいか日程を計画する。日程案を立てる際は，出張の期間，出張先での面会などの予定，同行者の有無，持参する資料の有無などを確認し，交通機関や宿泊の手配を行う。

1-2 交通機関の手配

　企業には旅費規定があり，その役職によって利用できる交通機関やその等級が決められていることが多い。この規定に従った上で，次の点に注意する。

（1）上司の好み

　例えば，航空機よりも列車を好む上司もあれば，その逆のこともある。座席も窓側を好む上司もあれば，通路側を好むこともある。上司の好みに合わせることも必要である。

（2）出発時刻や到着時刻

　例えば，上司がある会合に出席する場合，開始時刻ぎりぎりに到着したり，あまり早く着き過ぎて時間を持て余すことのないように，適切な時刻を選ばなくてはならない。

（3）乗り換えと乗り換え時間

　遠隔地への出張などでは，速さだけから決めると何回も乗り換えなければならないことがある。上司が目的地に着くまでの快適さ，休養が取れるかなども配慮したい。

　また，乗り換えの際，急がなければ間に合わないようでは困るが，あまり待つようでも困る。特に航空機・列車間の乗り換えは，空港から駅までの時間を十分に見込んでおかなければならない。また，航空機は，天候などによって発着が遅れることもあること，国内線では少なくとも出発15分前には空港で手続きしなければならないことを承知しておく必要がある。

(4) 切符手配と購入

切符は，列車であれば各鉄道会社の窓口，航空機であれば各航空会社の窓口，または旅行会社の窓口などで手配・購入することができる。また，電話やインターネットのサイトからも手配・購入できる。

1-3　宿泊の手配

宿泊の手配に際しても，旅費規定によって利用できる宿泊施設の等級が決められていることが多い。規定に従った上で，次の点に注意する。

(1) 上司の好み

例えば，ホテルが好きか日本旅館が好きか，頻繁に行く土地であればどのホテルが好きかなど，上司の好みに合わせた宿泊施設を選定する必要がある。

(2) 宿泊予約

宿泊先が決まったら，直接，または旅行代理店経由で予約する。電話やインターネットのサイトからも予約できる。電話で予約をする際は，上司の氏名，連絡先，到着日時と宿泊日数，希望する部屋の種類などを告げ，予約を受けた担当者の名前を確認しておく。

1-4　旅程表

旅程表とは，出張期間中の予定を一覧できるようにまとめた表である。

旅程表には次の例に示したように，交通機関の発着時刻，訪問先，出席する会合，宿泊場所，面会者などを詳しく記入する。旅程表は，上司が出張するとき持参するとともに，複写して関係者にも配り，上司の留

〈例〉社長 広島出張旅程表

月　日	予　　定		
10／27 (火)	12：50 16：51 18：00	のぞみ19号	東京発 広島着 富士川製鉄㈱田村社長と会食（広島ステーションホテルで） 同ホテル泊	車中昼食 広島駅内電 (082) 262-0311
10／28 (水)	10：00 ｜ 16：00 16：30 ｜ 17：30 18：00 ｜ 21：00	ホテルへ 出迎え	中国地方所長会議 （広島営業所で） 藤田電機㈱藤田社長ほか2名と面会（広島営業所で） 中国地方所夕食会出席（広島ステーションホテルで） 同ホテル泊	電 (082) 248-3381
10／29 (木)	7：35 9：00		広島空港発 羽田空港着	機内朝食 10：30 役員会

守宅にも渡るようにしておくとよい。

1-5 出張準備

(1) 旅費の準備

　出張日程が決まったら，その出張に必要な費用を概算し，仮払い伝票によって経理課などから現金を受け取る。これを旅費の仮払いという。出張から帰ったら，費用を正確に計算して，仮払い金額との差額を受け取るか戻すかする。これを旅費の精算という。

(2) 携帯所持品の準備

　出発までに，上司の持参する品をそろえるが，一般的には次の品である。

・旅程表
・出張先で必要な書類・資料類
・旅費，切符
・行き先の地図
・名刺
・メモ用紙，筆記用具

1-6 出張当日，出張中，出張後の処理

(1) 出張当日

① 車の手配

　余裕を持って出発できるように，駅などの目的地までの所要時間などを運転手とよく確認しておく。

② 乗り物の確認

　悪天候などで航空機などの発着が遅れることがあるので，交通情報を確認しておく。

③ 留守中の業務処理

　懸案事項などについて，留守中の責任者は誰か，どこまで秘書が処理してよいかなど上司に確認しておく。

④　出発前の処理事項の選定

　　出発前に上司が目を通したり，決裁をする必要がある急ぎや重要な事項を選定し，上司が要領よく処理できるようにしておく。

(2) 出張中

上司の出張中には秘書は気が緩みがちであるが，この間に，日ごろなかなかできない資料整理などの仕事を片付けるとよい。また，次のことは必ず行わなければならない。

①　留守中の出来事と，その経過が分かるメモを作成する。
②　緊急事態が発生したときに出張先に連絡を取る。

(3) 出張後

出張から帰った上司には，まず「お疲れさまでございました」とねぎらいのあいさつをし，今回の出張に不行き届きの点がなかったかを尋ねる。何か不備があった場合は，次回の参考にする。出張後に秘書のなすべき仕事は次の通りである。

①　留守中に起こったことを，作成していたメモによって簡潔に報告する。
②　上司が戻ったことを関係先に連絡する。
③　上司が持ち帰った書類や携帯品を整理する。
④　旅費の精算をする。
⑤　必要があれば，上司の指示に従って礼状を書く。

2　海外出張

海外出張の準備は，通常は旅行代理店を通じて行うが，秘書もその概要を知っておく必要がある。

2-1　出張計画

(1) 目的地についての情報

目的地の情報を得るためには，市販の旅行案内や旅行代理店・航空会社に

ある資料などが利用できる。より詳しい情報は，外務省[1]，各国の在日公館や貿易振興会[2]などで入手できる。

秘書は，必要な資料を収集するほか，その国の情勢や治安，気候・地理・人口・産業などの概要，交通機関・空港・通貨・観光場所・ホテル・入出国手続きなどの旅行事情も知っておきたい。

（2）旅程表の作成

出張先，時期，期間などが決まったら，詳しい旅程を組むが，次のことに注意する。

① 最近その国に行った人がいれば意見を聞く。
② 目的地の休日・祭日を確認する。その日は，会社・官庁などが休みで公的な仕事はできないことが多い。
③ 旅程案ができたら旅行代理店に依頼し，航空機，ホテルなどの予約をしてもらい旅程を決定する。
④ 旅程が決定したら旅程表を作成し，現地関係者，社内関係者，上司の留守宅に配る。

2-2　渡航手続き

海外への渡航手続きは，行き先にもよるが1週間～1カ月くらいかかる場合が多いので，早めに準備を始める必要がある。

（1）手続きの進め方

手続きは旅行代理店を通じて進めるのが普通である。代理店では，旅券（パスポート）の申請，入国査証（ビザ）の取得など渡航手続きから，航空券や宿泊の手配，海外旅行保険加入まで，ほとんどの手続きをしてくれる。しかし，手続きの中には本人が用意しなければならない書類もあるし，本人が出頭しなければならない場合もあるので，秘書は代理店とよく連絡を取りながら準備を進める必要がある。

---

1) 国・地域別の渡航情報は，外務省の海外安全ホームページで確認することが出来る。
2) 日本の貿易振興会は経済産業省所管の独立行政法人日本貿易振興機構，いわゆるジェトロ（JETRO：Japan External Trade Organization）である。

(2) 旅券（パスポート）

　海外に渡航するために必須の，日本国が発行する身分証明書である。海外で旅券をなくすと再発行に通常は二，三週間かかるので，紛失や盗難に万全の注意が必要である。万一の場合のために，旅券番号のページのコピーを持参するとよい。

　申請手続きは，居住地の各都道府県のパスポート申請窓口で行う。必要書類は①申請書，②戸籍謄本（または抄本），③住民票の写し[3]，④顔写真，⑤運転免許証・有効旅券などの身分証明書，⑥以前に取得した旅券，である。手続き後は指定された期日以降[4]に，申請時に渡された受領証と手数料を持って窓口に行くが，申請は代理人でも可能だが，受け取りには本人が行かなければならない。

(3) 査証（ビザ）

　査証とは相手国の入国許可証であり，渡航先国・渡航目的・滞在期間等によって査証の要否・種類が異なる[5]。必要な場合は，その国の在日公館に申請し，旅券に入国査証のスタンプなどを押してもらう。

(4) 予防接種

　伝染病の予防接種をしていることの検疫証明書[6]を持たないと，入国できない国がある。

(5) 外貨購入

　購入外貨は米ドルやユーロが一般的である。クレジットカードは本人のサインがないと使えないので，盗難や紛失に対して安全である。最近は，預金を現地通貨で引き出せる国際キャッシュカードも普及している。

3）住民基本台帳ネットワークシステムで確認可能な場合は原則不要である。
4）申請から受領までは，土・日・休日を除いて，通常1週間程度かかる。
5）米国に短期商用・観光等の90日以内の滞在目的で旅行する場合は，査証（ビザ）は免除されているが，オンラインで渡航認証（ESTA：Electronic System for Travel Authorization）を受けなければならない。
6）国際的に認められた黄色いカードで，イエローカードと呼ばれている。

2-3 出国手続き

出国手続きは，搭乗手続き，税関，出国審査，航空機搭乗の順である。

(1) 出発当日の注意

国際線は遅延も多いので，航空会社に出発時刻を確かめ，旅券，航空券，外貨など所持品の点検をする。国際線では，遅くとも出発60分前までに，空港の航空会社のカウンターで搭乗手続き（チェックイン）を済ませる必要がある。最近は安全のためのセキュリティチェックが厳しく時間がかかるので，余裕を持って空港に到着するようにする。

また，機内に持ち込める手荷物や無料で預けられる手荷物のサイズ，個数は航空会社によって異なるので，予め確認しておく必要がある。

(2) 出国手続き

出国手続きは，税関検査と出国審査だが，ここには出国者しか入ることができない。税関検査では，外国製品を所持している場合，「外国製品の持ち出し届」に記入して承認印を受ける。海外に土産品として免税品を購入した場合，購入店で受け取った「輸出証明申請書」を現物と一緒に見せる。

2-4 入国手続き

入国手続きは出国と逆で，検疫，入国（帰国）審査，税関の順である。検疫は機上で配布される検疫質問表に記入して提出する。税関では持ち込み禁止物品，課税対象品などの検査のために荷物が調べられる。

演習

あなたは，日本産業株式会社　山田営業部長の秘書である。上司が，以下の予定で広島へ出張することになった。利用する乗り物を選定（出発地は東京）して，旅程表を作成しなさい。

<u>7月7日（木曜日）</u>
18：30～　　ホテルグランヴィア広島で山陽自動車㈱の中村会長と会食
　　　　　　同ホテルで宿泊　　（082）262-1111
<u>7月8日（金曜日）</u>
10：00～13：00　広島国際会議場で新製品発表会
13：00～15：00　同会議場で新製品発表祝賀パーティ後帰京
　＊ホテルグランヴィア広島は広島駅前で，広島空港からは車で45分程度のところにある。
　＊広島国際会議場は広島駅から車で15分程度のところにある。

練習問題

秘書検定の実問題で練習し理解を深めよう。

1．秘書Aは上司から，「明後日から出張することになった」と言われた。そこで出張の準備をするため，次のことを上司に確認した。中から不適当と思われるものを一つ選びなさい。　　　　　　　　　　　　（3級）

1）　同行者はいるか。
2）　準備する資料はあるか。
3）　身の回り品は何を持っていくか。
4）　出張先と日程はどうなっているか。
5）　利用する交通機関や宿泊先に希望はあるか。

2．秘書Aの上司は出張中である。Aは上司の留守に普段したくてもできなかった次の仕事をした。中から不適当と思われるものを一つ選びなさい。　　　　　　　　　　　　　　　　　　　　　　　　　　　　（3級）

1) 保存資料の整理
2) 上司のロッカーの整理
3) 書棚の整頓，不要な雑誌の廃棄
4) 上司の事務用消耗品の点検補充
5) ファイリングキャビネット内の整理

3．秘書Aは出張する上司に書類を渡すため，空港の待ち合わせ場所に出向いた。上司は自宅から直接空港に来ることになっているが，搭乗時間近くになってもまだ来ない。携帯電話で連絡を取ろうとしたが電源を切ってあるらしく通じない。このような場合，Aはどのように対処するのがよいか。次の中から不適当と思われるものを一つ選びなさい。　　（2級）

1) 上司が搭乗手続きを済ませているかどうか確認する。
2) 上司の自宅へ電話して，何時ごろ家を出たか確認する。
3) 乗り遅れるかもしれないので，次の便に空席があるか確認する。
4) 会社へ電話して，上司から何か連絡が入っていないか確認する。
5) 出張先へ電話して，都合で到着が遅れそうだがどうしたらよいかと相談する。

4．次は秘書Aが，上司（部長）の出張中に行ったことである。中から不適当と思われるものを一つ選びなさい。　　　　　　　　　　　　　　　（2級）

1) 取引先の支店長が転勤のあいさつに来訪したので，上司は出張中であると伝えて課長に取り次いだ。
2) 本部長が，明日までに直接確認したいことがあるとのことだったので，宿泊先ホテルの電話番号を教えた。

第6章　出　張

　3)　上司に決裁をしてもらいたいと，備品購入の稟議書を持ってきた部下に，上司が出社したら直接手渡してもらいたいと言った。
　4)　上司宛ての速達の郵便物を開封したところ，すぐに対処が必要なことだったので，上司の部下の担当者に渡して対処を頼んだ。
　5)　課員の家族が亡くなり通夜が明日だと連絡があったので，通夜に参列する課長に届けてもらえるよう，前例に従って上司名の香典を用意した。

5．秘書Aは上司から，「11月15日から3日間，R支社に出張することになったので準備をしてもらいたい」と言われた。そこでAは上司に，希望する往復の交通機関と宿泊ホテルを確認したが，それ以外に出張準備として何を確認しなければならないか。箇条書きで三つ答えなさい。
(準1級)

6．秘書Aの上司（山田部長）が出張中（出社は明後日）に，上司の知人でTと名乗る人から電話があり，上司に話があると言う。日時は上司の都合に合わせるとのこと。このような場合，Aはどのようなことを確認しておかなければならないか。箇条書きで三つ答えなさい。
(準1級)

7．秘書Aは上司（営業部長）の外出中に，急に出張することになった上司の出張準備をしていた。そこへ他部署のJ部長が来て営業部長はどこへ行くのか尋ねた。その出張はどこにも知らされていないはずだが，J部長は知っているようだ。このような場合Aは，どのように対応すればよいか。順を追って箇条書きで答えなさい。
(1級)

8．秘書Aは上司から，来週の出張日程が変更になり6月23日の帰社予定が24日の夕方になったと言われた。24日は，10時に取引先との面談，2時に業界団体事務所で打ち合わせの予定が入っている。この出張日程変更に当たってAが対処しなければいけないことを，順を追って箇条書きで答えなさい。
(1級)

第7章　環境整備

　秘書は，上司室や応接室などの管理と，環境の整備を怠らないようにしなければならない。環境整備は，仕事を効率よく行うための機能面と，外部の人との応対にふさわしくするための社交儀礼面との両面に気を配る必要がある。
　この章では，秘書が行うべき備品・消耗品などの管理，環境を整えるための掃除の仕方，気持ちのよい室内環境にするにはどうすればよいかについて学ぶ。

1　環境の管理

秘書は，上司室・応接室の備品・消耗品の管理を怠らないようにしなければならない。

1-1　備品・消耗品の管理

上司室・応接室の備品は，華美なものは避けあまり飾り立てることなく，品のよいものをそろえるようにしたい。また，消耗品[1]は，使いやすいものを必要なだけ，いつもそろえておくようにする。

(1) 机の使い方

上司は両袖机を，秘書は片袖机を使うことが多い。

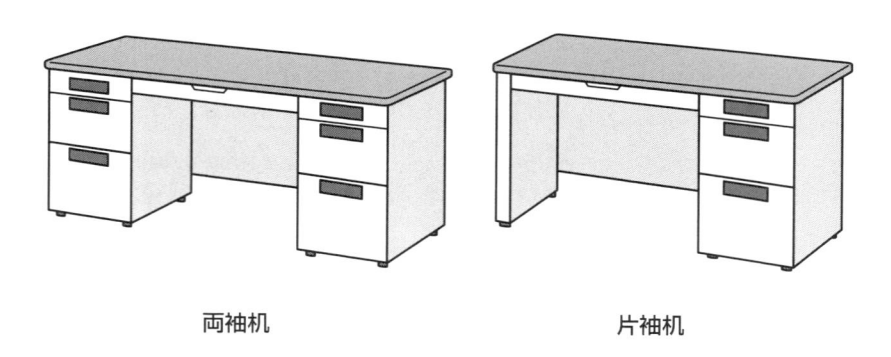

　　　両袖机　　　　　　　　片袖机

① 机の上の整理

　机上に置くものは，それぞれ定位置を決めておき，決められた物と今行っている仕事に必要な物以外は置かないようにする。次の図は，秘書の机上の一般的な配置の例である。退社時には，電話機，ＰＣとトレーのほかは引き出しにしまい，できれば鍵を掛けておくようにする。

1）備品とは机・椅子などの事務用品や事務用の機器類。消耗品とは，事務用品・鉛筆などをいう。

秘書の机（左から電話機・パソコン・メモ・名刺整理箱・トレー）

② 引き出しの整理

　どの引き出しに何を入れるかを決め，使った後は必ず元に戻す習慣を付ける。次の図は片袖机の引き出しの一般的な使い方の例である。

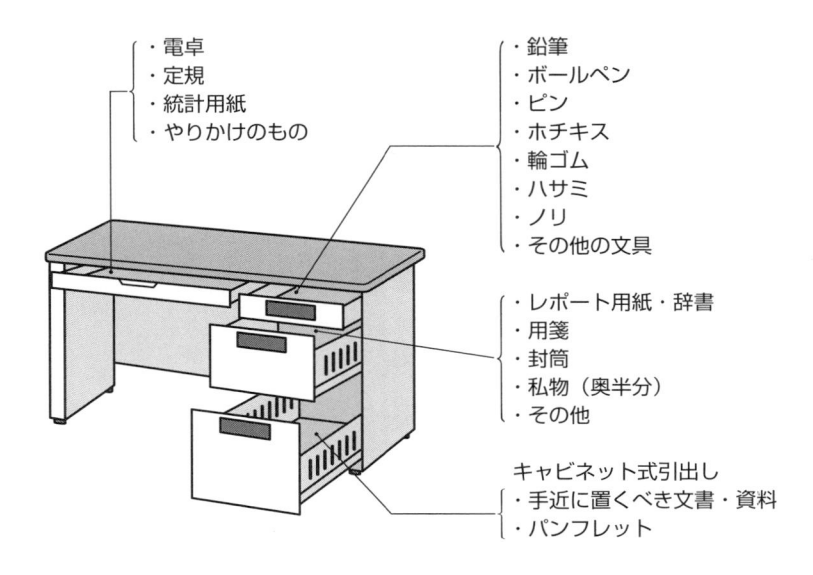

- ・電卓
- ・定規
- ・統計用紙
- ・やりかけのもの

- ・鉛筆
- ・ボールペン
- ・ピン
- ・ホチキス
- ・輪ゴム
- ・ハサミ
- ・ノリ
- ・その他の文具

- ・レポート用紙・辞書
- ・用箋
- ・封筒
- ・私物（奥半分）
- ・その他

キャビネット式引出し
- ・手近に置くべき文書・資料
- ・パンフレット

引き出しの使い方

（2）椅子の使い方

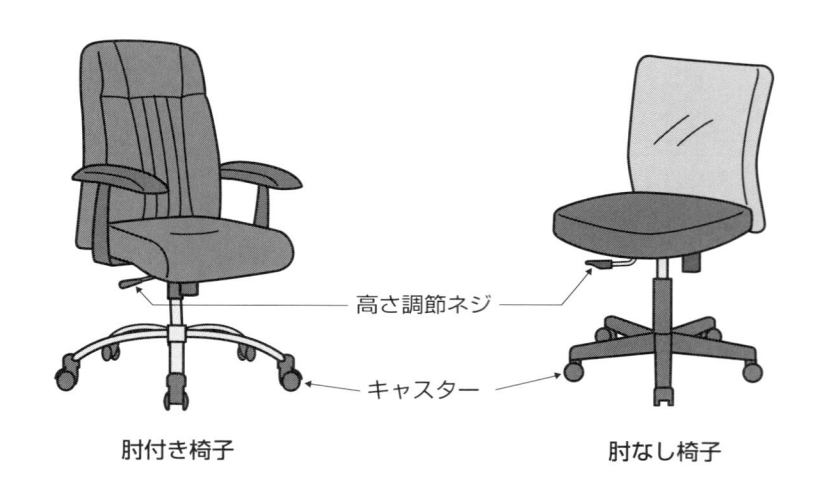

上司は肘付椅子を，秘書は肘なし椅子を使うことが多い。

高さ調節ネジ
キャスター

肘付き椅子　　　　　　　　　肘なし椅子

椅子は通常は高さが調節できるので，自分に合った高さにする。背もたれが動くものはバネの強さも調節できる。椅子にはなるべく深くかけ，机の甲板と椅子の座との距離が約30cmくらいになるよう調節すると疲れにくい。

（3）消耗品の管理

上司や自分用の消耗品の管理は，次のことに気を付ける。
① メモ用紙・印刷用紙などは切らさないように補充する。
② 鉛筆やボールペンなどの筆記用具は，書きやすい状態になっているか点検する。
③ 朱肉はへこみやすいので，ときどきナイフなどで平らにしておく。
④ 日付印などは，毎朝，日付を正しくしておく。

2 環境の整備

秘書は、上司室・応接室などの環境の整備を怠らないようにしなければならない。環境を整える際は、仕事を効率よく行うための機能面と、外部の人との応対にふさわしい社交儀礼面の両面に気を配る必要がある。

2-1 掃除と整頓

掃除は、専門の清掃会社に任せる会社も多いが、その場合でも、秘書が毎朝確認し、備品などの整頓をするようにする。

(1) 掃除の仕方
① 家具
　　毎日の掃除は、羽根ばたきでほこりを取ったり、から拭きしたりするくらいでよい。普通の汚れはワックス拭きにするが、特にひどい汚れの場合は洗剤拭きにする。
② じゅうたん
　　毎日の掃除には掃除機を使う。たばこの灰などで部分的に汚れたときは、固いブラシなどでこする。茶やコーヒーなどをこぼしたときはすぐに拭き取るが、染みになったときは中性洗剤で拭く。それでも取れない染みや、インキや油染みは専門家に頼む方がよい。
③ 置物
　　羽根ばたきで静かにほこりを払う程度でよい。
④ 油絵
　　年に数回、筆などでほこりを払う程度でよい。
⑤ 電話機、ＯＡ機器
　　柔らかい布でから拭きするか、ＯＡ機器用のクリーナーで拭く。
⑥ 応接セット
　　布張りのものはブラシなどで汚れをこする。それでも取れないときは、じゅうたんの手入れに準じて扱う。革のものは専用のクリーナー

で汚れを落とす。椅子のカバーやテーブルクロスは，しわが寄ったりずれたりしやすいので注意してまめに直し，週に1回くらいは定期的にクリーニングに出すようにする。

⑦ テーブル

客が帰った後は，すぐにテーブルの上を拭き，茶器や灰皿などの後始末をする。

⑧ 書棚・ドアなどの取っ手

手あかが付きやすいので定期的に磨く。

(2) 上司室・応接室の整頓

上司が快適に仕事ができ，いつでも客が迎えられるように，次の点に気をつけて整頓する。

① 机や椅子が曲がっていないか。
② 額や置物が曲がっていないか。
③ 書籍や書類は整理されているか。
④ 上司の机上の物は定位置に置かれているか。
⑤ 時計の時間は合っているか。
⑥ カレンダーは正しい日付になっているか。
⑦ くずかごは空になっているか。

2-2 室内環境の整備

室内環境の整備のために，秘書が知っておくべき基本的な知識を学習しよう。

(1) 照明

事務室の採光[2]や照明[3]の良しあしは，事務の能率に影響する。特に管理者である上司はデスクワークが多いため，目が疲れるだけでなく神経も疲れ，体の疲労感が強まることが多い。目を疲れさせる原因は，明るさだけの問題ではなく，まぶしさや明暗のムラからも生じるので，次の点に注意しな

---

2) 自然光線の利用
3) 人工光線の利用

ければならない。
　① 所要照度
　　　適当な明るさは仕事の種類や場所によって違うが，JIS[4]では次の表のような照度を基準として決めている。会社の基準があればそれに従う必要がある。

所要照度[5]

場　所	範　　　囲	場　所	範　　　囲
事　務　室	1,000～500ルクス	会　議　室	750～300ルクス
役　員　室	750～300ルクス	応　接　室	500～200ルクス

　② 照明方法
　　　照明の方法には，直接照明（じかに光源から目的物を照らす方式），半間接照明（一部を反射光線とする方式），間接照明（全部を反射光線とする方式）などがある。
　③ 自然光の利用
　　　部屋に窓があり自然光線が利用できるときは，これを十分利用すべきである。上司室・応接室の窓にはカーテンが必要だが，じかに日光が当たる部屋では，ブラインドを取り付けるのが一般的である。ブラインドはこまめに角度を調節して，室内が暗くならないようにする。

(2) 防音
室内は，できるだけ静かであるように気を配るが，防音対策としては次のことが考えられる。
　① 音の出るもとを止める
　　　ドアにドアチェックを付け開閉に音がしないようにしたり，電話の呼び出し音を小さく加減するなどの工夫がある。甲高い声をたてることな

---

[4] 日本工業規格（Japanese Industrial Standards）のことで，この標準にあった商品にはジスマークⒿがついている。
[5] JIS　Z9110「照度基準」によるが，省エネの観点からこれより照度を低く設定している場合も多い。

どは慎まなければならない。
② 音を遮る
音を遮るには，防音効果のある厚手のカーテンを引いたり二重窓にすると効果がある。また，窓やドアはぴったり閉まるようにする。
③ 音を吸収する
室内の反響を防ぐには，壁や天井に吸音材を張り付けると効果がある。

(3) 色彩調節

色彩調節とは，色の持つ物理的性質と，色が人に与える生理的・心理的作用とを活用して，人間の生活や仕事の能率を高めようとすることである。

色が人間に与える心理的作用の一つとして，赤系統の色は暖かく感じるので暖色，青系統の色は冷たく感じるので寒色，緑や茶系統の色はその中間の色で中間色という。暖色は興奮させる色だが，中間色は寒色よりも鎮静作用があるとされている。従って，和やかな雰囲気が必要な応接室などはクリーム色などの赤系統が，会議室や上司室などは緑や茶系統の色がよく使われている。

(4) 空気調節 [6]

最近のビルは，適当な温湿度と空気の流れなどを集中的に管理する装置を備えていることが多いが，そうでない場合は，秘書が自分で空気調節を行わなければならない。秘書は室内に乾湿温度計を備え，その季節に適した下表の温湿度を保つようにする。

季節に適した温湿度 [7]

季 節	気 温	湿 度
夏	25～28℃	50～60%
春・秋	22～23℃	〃
冬	18～20℃	〃

---

6) エアコンディショニング（air conditioning）という。
7) 照度と同様に，省エネの観点からこれより夏は高く，冬は低く温度を設定する場合もあるため，会社の基準に従うことが必要である。

室内の温度が標準より低いときや高いときは，冷暖房器具が必要になる。また，エアコンディショナーは効きすぎると体によくないので，送風口から出る冷風や温風が，直接体に当たらないように配慮する必要がある。

2-3 オフィスレイアウト

上司室の机や応接室の机や椅子などの配置，すなわちレイアウトでは，次のことに留意する。

(1) 机

上司の机は，部屋の奥の直接入り口から見えないところに配置し，手暗がりにならないように，上司が座ったときに窓が左側か後ろになるようにする。秘書の机は，来客の出入りが直ぐ分かるように入り口の近くに配置する。

上司と秘書が同室の場合は，上司が落ち着いて仕事ができるように秘書と対面しないようにして，パーティションやついたてなどを利用して部屋を仕切るなど，それぞれが独立したスペースを確保できるように工夫する。

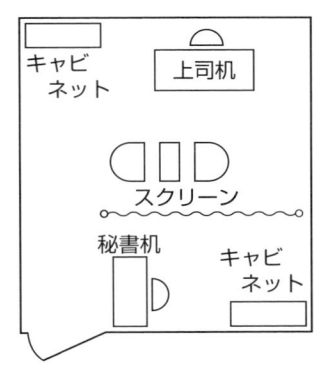

上司室（秘書と同部屋の場合） 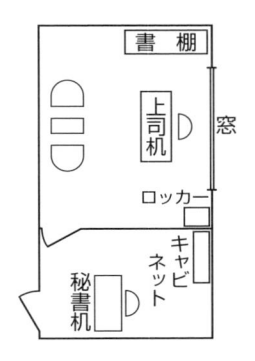　　上司室（秘書と別部屋の場合）

(2) 応接セット

応接セットは，上司が座りやすいように上司の机の近くに配置し，来客が座ったときに秘書と向かい合わないようにする。

練習問題

秘書検定の実問題で練習して理解を深めよう。

1．次は秘書Aが，上司の部屋の整備をするとき行っていることである。中から不適当と思われるものを一つ選びなさい。　　　　　　　　　　　　（3級）

1) ブラインドに羽根ばたきをかけている。
2) 上司の革張りの椅子を乾いた布で拭いている。
3) 電話機とパソコンを固く絞った布で拭いている。
4) 書棚のガラス戸をガラスクリーナーで磨いている。
5) 布張りの応接セットの椅子をブラシや乾いた布で払っている。

2．次の備品などの汚れは何を使って落とすか。適切と思われる物を枠内から一つずつ選び，その番号を答えなさい。　　　　　　　　　　　　　　（3級）

（注）番号は重複しないようにすること。

1) 陶器の置物
2) 観葉植物の葉
3) 電話機とパソコン
4) 革張りの応接セット
5) スチール製キャビネットの上

1	OA用クリーナー
2	乾いた柔らかい布
3	はたき（ほこり払い）
4	固く絞った雑巾
5	湿らせたティッシュペーパー

3．次は秘書Aが，上司の部屋の環境整備について行っていることである。中から不適当と思われるものを一つ選びなさい。　　　　　　　　　　　（2級）

1) エアコンの風が気になると言われたときは，「風向」のボタンで調節している。
2) 室内の執務環境の快適さのため，エアコンの設定温度を小まめに調節している。

3) 西向きの窓から西日が入る時間帯は,ブラインドの羽根の向きを調節している。
4) 観葉植物の葉のほこりは,ティッシュペーパーを水でぬらして拭き取っている。
5) 電話機やパソコンの汚れが目立ったときは,固く絞った雑巾で拭いている。

4．次は,上司と秘書が同室で仕事をする場合の,室内のレイアウトについて述べたものである。中から適当と思われるものを選びなさい。　（2級）

1) 応接セットは,上司の机よりは秘書の机の近くになるのがよい。
2) 上司の机は,冷暖房の風がよく当たるような場所にするのがよい。
3) 上司の机が入り口から見えるような位置の場合は,ついたてを利用するとよい。
4) 上司の机と秘書の机は,顔を直接見合わせないように,背中合わせになるようにするのがよい。
5) 上司の机は,自席に座ったままで客と話せるように,来客用の椅子に座った客と対面になるのがよい。

5．秘書は上司の部屋の整備に特に気を使わないといけない。それはなぜか。考えられる理由を箇条書きで具体的に三つ答えなさい。　（1級）

現代オフィス事情

Column

　会社のオフィスには自分専用の机と椅子があるのが当たり前でしたが，最近では，社員に固定席がなく，共用スペースの空いている席で仕事をする「フリーアドレス」と呼ばれるオフィススタイルが注目を浴びています。

　このオフィススタイルでは，原則，書類などは全て共用キャビネットに保管し個人専用の空間を設けません。そのため，もともとはオフィス面積が縮小できコスト削減効果があるということで導入され始めましたが，最近では，オフィススタイルの変化を通じて社員の働き方の改革を目指すという新たな面が取り上げられています。具体的な例としては，紙の書類を削減し電子化することによる情報共有の推進，席を固定しないことによる部門を超えたコミュニケーションの促進などが挙げられています。

　一方で，フリーアドレスでは落ち着いて仕事ができそうにないと感じている人も多いようです。また，フリーアドレスを取り入れてはみたものの，実質的な「指定席」が生じてしまったり，やはり書類は手元に置いておきたいと個人の荷物が増えてしまったなど形骸化し，結局，元の固定席に戻した会社もあるそうです。

　上司席，そして，秘書席をフリーアドレスにするのは是か非か，あなたはどのように考えますか。

第8章　会　議

　上司は，自分の本務である経営管理のために会議を主催したり，メンバーとして出席することが多い。また，社内だけではなく，業界団体や役所の主催する会議など，社外の会議に出席することも多く，上司が会議のために費やす時間は極めて多い。

　秘書は，これらの上司の負担をできるだけ軽くするように上司を補佐していかなければならない。この章では，会議について理解し，その具体的な運営の仕方を学習する。

1 会議の目的と種類

1-1 会議の目的と種類

　会議はコミュニケーションのために行うものだが，その具体的な目的は①情報の伝達，②情報の交換，③相互啓発，④意思決定，⑤アイデアの収集などに分けられる。大抵の会議は，この一つ以上の目的を持っている。

連絡・説明会議	上の①情報の伝達，すなわちリーダーの持つ情報を一方的に伝達するための会議である。
研究会議	上の②情報の交換と③相互啓発が目的で，研究の促進や研究発表そのものを行う会議である。
問題解決会議	上の④意思決定が目的で，ある問題についてメンバーに意見を出させ，その意見を総合して，問題を解決するための最善策を得るための会議である。場合によっては，すでに原案が作られていて，それをメンバーに提示し，皆から意見を出してもらい，よりよい案にすると同時に，メンバーに参加意識を持ってもらう目的を持つ会議もあり，話し合いが主体になる。
研修会議	上の①情報（知識）の伝達と③相互啓発とを目的とする会議で，ビジネスでよく使われる教育方式で，リーダーがある結論を持っているが，それを押し付けるのではなく，皆に意見を言わせ，それを結論の方へ導いていく。
アイデア会議	上の⑤アイデアの収集を目的とする会議で，問題を出して，皆から自由にアイデアを出してもらう。ブレーンストーミングと呼ばれており，人のアイデアについての批評はせず，人のアイデアからヒントを得たアイデアや，実現できそうも無いアイデアも歓迎する。

1-2 会議の形式

会議の形式としては,次のようなものがある。

パネル・ディスカッション	テーマに沿って,専門家の討論者(パネリスト)が聴衆の前で討論し,その後,聴衆からの意見や質問を受ける形で討論を続けていく。
シンポジウム	公開討論会ともいい,特定のテーマについて専門家が数人,講演形式で自分の意見を発表し,それについて聴衆と専門家の間で質疑応答する
フォーラム	公開座談会ともいい,参加者の自由な討論を基本とし,一つの話題に対して参加者全員で質疑応答などさまざまな意見の交換をする。
バズ・セッション	直訳すると「ガヤガヤ会議」となるが,参加者が6人くらいのグループに分かれてあるテーマについて話し合い,その後,各グループの代表が意見や主張を発表する。

1-3 株式会社の重要会議

株式会社の重要会議としては,次のようなものがある。

株 主 総 会	株主総会は会社法で定められた株主の集まりで,会社運営上の基本事項を決めるための最高意思決定機関である。取締役や監査役の選任,定款の改廃,決算の承認などが議題になる。株主総会は,1年に1回は開かなければならないが,多くの株主は投票権を白紙委任することも多く,形式化している場合が多い。
取 締 役 会	株主総会で選任された取締役全員が集まって,取締役会を構成する。この取締役会は,会社の業務を行う上での最高機関である。会議は取締役の過半数の出席によって成立し,出席者の過半数によって決議される。
常 務 会	会社によっては,重役会,役員会などとも呼ばれる。常務会は,社長・副社長・専務取締役・常務取締役など,会社に常勤している取締役によって構成されている。これは会社法で定めている会議ではないが,事実上,会社の業務執行の最高方針を決める機関である。

1-4 会議の用語

会議に関する基本的な用語には次のようなものがある。

招　　　　集	会議のためにメンバーを集めること。
議　　　　案	会議で審議するための案のことで、複数ある場合は、「第1号議案」「第2号議案」というように番号を付ける。
提　　　　案	議案や考えを会議に提出すること。
採　　　　決	議案の採否の決を取ること。
動　　　　議	予定議案以外の議題を出すこと。
定(てい)足(そく)数(すう)	会議が成立するために最低必要な人数のこと。
諮(し)問(もん)・答(とう)申(しん)	諮問とは上位者が下位者に意見を求めることで、答申とはそれに対して答えを出すこと。
一事不再議の原則	一度会議で決定したことは、その会期中に二度と持ち出せないという原則のこと。

2　会議の運営

2-1 会議と秘書の役割

上司の関係する会議をサポートする際、秘書はその会議について、次の点を知っておく必要がある。

❶ どういう目的の会議か。

❷ 上司が主催するのか、メンバーとして出席するのか、オブザーバー[1]として出席するのか。

❸ 内部での会議か、外部での会議か。

❹ 定例会議か、臨時会議か。

---

1) observer　会議に出席して意見は述べるが議決権のない人。

(1) 上司がメンバーとして出席する会議

上司がメンバーとして出席する会議の場合，秘書は出席のための準備を手伝うのが主な仕事である。そのために，次のことに注意する。

❶会議の開催案内を受け取ったら，上司とスケジュール調整をする。
❷会議の事務局へ出欠を連絡する。
❸用意すべき資料を整える。
❹会議について参考になる情報を上司に伝える。初めての会議のときは，会議の性格，メンバーなどについても調べ報告する。
❺場所を確認して，分かりにくいときは地図をメモして上司に渡しておく。運転手にも正しい場所を伝えておく。
❻当日は，時刻に間に合うように車の手配をし，上司にも連絡する。

(2) 上司が主催する会議

上司が主催する会議の場合，秘書は，会議を開くまでの準備，開催中の諸業務，その後の後始末まですることになる。これに必要な知識や運営法については2-2以降で詳しく説明する。

2-2 会議の計画

会議の準備や運営の仕方は，会議の目的・性格・メンバーなどによって違う。秘書は，まずこれらのことを確認した上で，次の点を上司と打ち合わせながら準備計画を作る。

❶会場はどこにして，どのように整備するか。
❷メンバーへの開催案内は，いつまでに出すか。
❸必要資料を，どう準備するか。
❹会議中の接待は，どのようにするか。
❺会議の記録は誰が取るか。

2-3 会議の開催案内

会議開催の連絡方法は，文書・電話・口頭の三つがある。社内会議のときは電話や簡単な文書（メール）で連絡するが，社外の人には開催日の約1カ月前までに案内状を出すのがよい。定例会議では，席上で次の開催日や議題などを決めてしまい，改めて通知はしないこともある。

案内状には次の事項を書く。

❶ 会議の名称

❷ 議題（開催の趣旨）

❸ 開催日時（開会・終了の時刻を入れる）

❹ 開催場所（住所や電話番号などを入れ，分かりにくければ地図を添える）

❺ 出欠の連絡方法と締切日

❻ 主催者（事務局）と連絡先，担当者名

❼ 駐車場の有無

❽ 食事を出すときは，その旨

❾ その他，資料や注意事項など

2-4 会場の選定

適切で快適な会場を用意するためには，次のことに注意する。

❶ 人数に対して広さは適当か。

❷ 明るさは適当か。

❸ 静かで，人の出入りが多くないか。

❹ 室温・換気は調節できるか。

❺ メンバーにふさわしい格の会場か。

なお，ホテル・会館など外部の会場を使うときは，下見をして先方とよく打ち合わせておく。

[文例]　社内会議案内状

```
                                    令和○年5月6日
業務改善委員各位
                                    業務改善委員長注)
               業務改善委員会（案内）
　このたび，文書分科会から「ファイリングシステムの実施計
画」の提案があったので，下記のとおり，委員会を開催します。
ご出席ください。
                  記
1　日時　令和○年5月16日（金）13：10～16：00
2　場所　7階第2会議室
3　議題　「ファイリングシステムの実施計画」（案）
4　資料　別紙をご検討の上，当日ご持参下さい。
5　欠席者は担当者にご連絡下さい。
別紙「ファイリングシステムの実施計画」（案）1通　　以上
                            担当：秘書課　○○
                                    （内線65）
```

注）委員会を招集するのは委員長だから，例えば総務部長などとはしない。

2-5　会場の設営

(1) 席の配置

　会議の内容に合わせて机と椅子を配置する。主な配置として次の形がある。
①円卓式・ロの字形
　　丸机でなくても，角机を合わせて大きな机を作り周りに椅子を置いて
　もよい。この形は，リーダーの位置がメンバーと同じなので堅苦しく感
　じない。お互いの顔がよく見えて意見を交換しやすいという利点がある
　ので，話し合いを主な目的とする会議にふさわしい。人数は20人くらい
　が限度で，人数が多い時は，中に空きを作ってロの字形にする。

②コの字形・Vの字形

　コの字形は研修会議によく使われる形で，リーダーが黒板などを使用する際メンバーから見えやすい。Vの字形は，スクリーンを使用する際，メンバーから見えやすい。

③教室式

　株主総会のように多人数になるときや，発表会のような情報伝達を主な目的とする会のとき使われる。議事式ともいわれる。

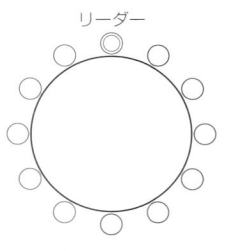

円卓式の並べ方

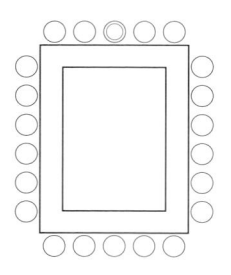

ロの字形の並べ方

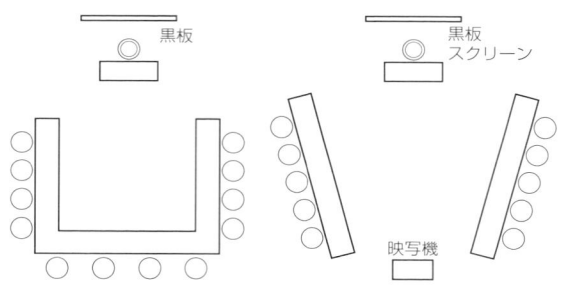

コの字形、Vの字形の並べ方

（2）出席者の位置

　会議の出席者は，リーダー（議長，司会者），メンバー，記録係であるが，オブザーバーが出席することもある。これらの出席者の位置は，次の点に注意して決める。

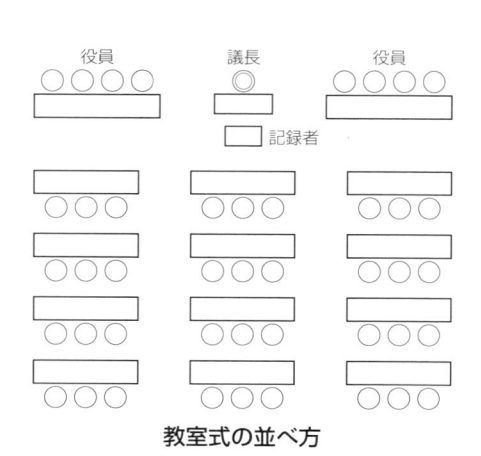

教室式の並べ方

❶ リーダーは前の中心がよい。

❷ スクリーンや黒板を使うときは,全員が見えるようにする。

❸ できれば,全員がお互いに顔が見えるようにするとよい。

❹ できるだけ出入り口は,メンバーから見えないようにする。

❺ リーダーの席は,壁の時計が自然に見える位置にする。

❻ オブザーバーの席は後ろにする。

❼ 記録係の席は,発言者が見える位置で,前にする。

❽ メンバーの位置は決めておかないのが普通だが,決めておく必要のある時は名札(机上札)を置く。

(3) 会議場の準備品

会議場には,必要に応じて次のものを備える。

> ・名札(机上札),筆記用具
> ・マイク,レコーダー,スクリーン,プロジェクター,PC
> ・傘立て,コート掛け　など

会議場を整えたら,会議が始まる前にもう一度チェックしておく。特にスクリーン,プロジェクター[2],PCなどはテストしておく必要がある。

2-6　会議中の仕事

(1) 出欠の確認について

秘書はあらかじめ出席予定者の一覧表を作っておき,会議場で出欠を調べるが,多人数のときや資料を渡すときは,入り口に机を置いて受付をする。開始時刻になったら出欠状況を上司に報告し,開始を遅らせるときは,出席者に「あと10分ほどお待ちください」などと告げる。なお,定刻を過ぎても連絡なく来ない人には,電話などで確認する。

---

2) PCの画面や,文字,図表などをスクリーンに映し出す装置のこと。

(2) 会議中の電話

　会議を始める前に上司と相談して，会議中の電話の扱い方を決めておく。会議室や携帯電話に直接電話がかかると，議事の妨げになるので，秘書が会場の外で受けてメモで取り次ぐようにするのがよい。

(3) 会議場の管理

　会議中は，会議場の冷暖房，換気，騒音などに注意して調節する。また，会議の関係者以外の人の無断侵入を防ぎ，茶菓や食事などを間違えなく手配し，出席者から預かった持ち物やコートなどを確実に保管しなければならない。会議場にクロークがある場合は，クロークを利用するとよい。

(4) 接待

　会議中の茶菓や食事のサービスも秘書の仕事である。飲み物は午前1回，午後1回ぐらいが普通だが，長時間にわたるときは疲れたころを見計らって出すとよい。食事は，できれば出席者からの注文を聞くが，仕出し弁当などを利用するのが一般的である。食事のときと食後にお茶などを出す。

(5) 会議の記録

　秘書が会議の記録を取ることもあるが，次の議事録の作成で述べる。

2-7　会議の後始末

　会議が終わったら，出席者を送り出した後，後始末をして帰る。秘書のすべきことは次の通りである。

❶ 車で帰る人の配車手配をする。

❷ 預かった衣類，持ち物があれば間違えなく返す。

❸ 伝言があったときは必ず伝える。

❹ 会場に忘れ物はないか調べる。

❺ 冷暖房，照明のスイッチを切る。

❻ 使った資料，備品の後片付けをする。

❼ 窓を閉め，戸締りをする。

❽ 会議場の管理者に終わったことを連絡する。

❾ 会議について手伝ってもらったり，世話になった人がいたら礼を述べる。

2-8 会議についての反省

会議が終わったら，秘書としての自分の仕事について次のような反省をし，今後の参考にする。

❶ 配布した資料などは適切だったか，不足はなかったか。

❷ 準備品に不足はなかったか。

❸ 上司との連絡はよかったか。

❹ 出席者への連絡はよかったか。

❺ 出席者へのサービスは行き届いていたか。

3 議事録の作成

3-1 議事録の種類

議事録には，例えば国会の議事録のように，全ての発言を漏れなく記録したものから，会社内の会議を簡単に記録したものまである。前者のような正式の議事録は，優れた速記能力がなければ作れないが，後者の簡単なものは秘書にも作れなければならない。

3-2 議事録の書き方

(1) 公式の議事録

株主総会など，定款に定められた公式の会議では，次のような様式を取るのが普通である。議事内容は，①どういう手続きで誰が議長に選ばれ，②誰を議事録署名人に選び，③どんな議案をどのような順で出して，④それに誰がどのような発言をし，⑤採決の結果どう決まったか，ということを簡潔に書けばよい。

(2) 略式の議事録

社内での簡単な議事録の場合は，会場で取ったメモを基にして議事録の案を作り，上司にチェックしてもらった上，回覧したり，複写して配布した

り，メールに添付して送るのが普通である。

　なお，記録を詳しく取らなければならないときはレコーダーで録音するのがよい。録音するときは，発言者名と内容をメモしておく。なお，会議の性格によっては録音してはならないこともあるので，事前に上司に確認する必要がある。

正式な会議の議事録の様式

　　　　　　　　　　　　○○会議議事録
　1. 年月日
　2. 会場所在地
　3. 会員総数
　　　出席者数
　　　委任状出席者数
　　　出席者合計
　4. 議案
　　　第1号議案
　　　第2号議案
　5. 議長名
　6. 議　事
　　　（内容）

　　　　　　年　月　日

　　　　　　　　　　　　　　　議事録署名人
　　　　　　　　　　　　　　　　　　　　　㊞
　　　　　　　　　　　　　　　　　　　　　㊞

練習問題

秘書検定の実問題で練習し理解を深めよう。

1．部長秘書Aは上司から，「臨時部長会議を開くので準備を頼む」と会議の日時を言われた。そこで次のことを確認した。中から不適当と思われるものを一つ選びなさい。　　　　　　　　　　　　　　　（3級）

1) 配布資料はあるか。
2) 席順はどのようにするか。
3) 会議室はいつもと同じでよいか。
4) 会議の記録はどのようにするか。
5) 会議中の飲み物はどのようにするか。

2．次は秘書Aが，社外の人を招いてM会館で行う会議の案内状に書いたことである。中から，書く必要のなかったものを一つ選びなさい。（3級）

1) 駐車場の有無
2) 出欠の返信期限
3) 同封した資料名
4) M会館の営業時間
5) M会館の所在地略図

3．総務部長秘書Aは，先輩と一緒に集会のときの会場設営をすることがある。次のような社員対象の集会のときの机の配置はどうなるか。適切と思われる机の配置を書きなさい（定規を使わないで書いてもよい）。　（2級）

（注）1．机は二人掛けとする。
　　　2．書く時の机の大きさは　　　　　　　くらいとする。

1) 各部署の代表16名が，集まって情報交換をする。（使用する机8脚）

2) 社員12名が，講師1人を招いて懇談する。(使用する机7脚)
3) 海外出張者1名が，関係者11名に映像で報告する。(使用する机6脚)

4．営業部秘書Aは，営業推進委員会の議事録を作成したとき，次の事項を記載した。中から不適当と思われるものを一つ選びなさい。　　(2級)

1) 日時・場所
2) 採決の方法
3) 次回開催日
4) テーマと審議経過
5) 出席者名・欠席者名

5．次は秘書Aが，ホテルで行う上司主催の営業所長会議の準備として行ったことである。中から不適当と思われるものを一つ選びなさい。
(準1級)

1) 資料は事前に宅配便でホテルのフロント気付で送り，前日に到着確認をしておいた。
2) 照明や室温の調整はこちらがすると言って，ホテルの人に調整の仕方を教えてもらった。
3) 直前に欠席の連絡をしてきた人がいたので，机上札を外して席を詰めた。
4) フロントに出席者名簿を渡し，名簿の人あての電話は本人に直接取り次いでもらいたいと頼んだ。
5) 昼食はホテル内のレストランに席を予約し，料理の注文は各人がすると伝えた。

6．次は会議に関する用語の説明である。それぞれ何というか答えなさい。
(準1級)

1) 会議で，議決権を持たない出席者のこと。
2) 会議中に，予定議案以外の議題を出すこと。
3) 会議の成立に必要な最小限の出席者数のこと。

7．次の会議に関する用語を簡単に説明しなさい。　　　　　　　　（1級）

1) 諮問
2) オブザーバー
3) 議決権行使書
4) キャスチングボード

8．秘書Aは，上司主催の部長会議の終了予定時間に会議室の外で待機していた。そこへ会議室から出てきた上司から，「会議を1時間延長することになった。今は休憩時間だ」と言われた。このような場合，Aが対処することを，順を追って箇条書きで答えなさい。　　　　　　　　（1級）

現代会議事情

立ったままの会議

　仕事といえば会議で始まり会議で終わる，そんな印象はありませんか。会社員であれば誰しも，会議の多さや長時間の会議に，疲れ果てた経験があるのではないでしょうか。

　そんな会議を効率化するために，会議は座らずに立ったままする，飲み物は出さないという会社があるそうです。その結果，会議がムダに長引くことがなくなり，短時間で要点を話し合うことを皆が意識するようになったということです。

ファシリテーターとしての議長

　会議には議長がつきものです。議長（chairman）とは，その名の通りその会議における長（リーダー）ですが，最近注目されているのが，「ファシリテーター（facilitator）」としての議長です。

　会議でのファシリテーターとは，議論に対して中立な立場を保ちながら話し合いに介入し，議論をスムーズに調整しながら合意形成や相互理解に向けて深い議論がなされるよう支援する人とされています。また，ファシリテーターには議決権がなく，リーダーとは限らないなどの特徴があります。

　時代に応じて会議のあり方が，リーダーとしての議長が会議を引っ張っていく従来型の会議から，ファシリテーターの支援の下，メンバー全員が積極的に会議に参加していく，全員参加型の会議に変化しつつあることの現れといえるのかもしれません。

第9章 文書作成

　秘書は，文書の作成や取り扱いの面でも上司を補佐しなければならない。秘書が，実際に，どの程度その仕事を担当するかは，その上司の職務や意向，秘書自身の能力などによって一定ではない。しかし，一般に文書に関わる業務は，多種多様な秘書の仕事の中でも基本的なものであり，秘書はこれらの文書事務について十分な能力を持っていなければならない。

　この章では，文書の基本について理解し，その具体的な書き方を学習する。

1 秘書と文書作成

1-1 秘書の作成する文書

一般に,秘書の作成する文書には,次のようなものがある。

(1) 上司のための代筆・清書

上司に代わって書く外部への礼状・祝い状・見舞状や,上司が委員長をしている委員会の案内状など内部宛ての文書を,上司の指示に従って書く。また,上司が自分で書いた手書きの原稿を,パソコンで清書[1]することもある。

(2) 秘書自身が発信者となる文書

社内宛ての簡単なメモや連絡文,外部に出す簡単な依頼状や照会状など,秘書自身が判断できる範囲の仕事について文書を書くことがある。

1-2 文書作成上の注意

ビジネスでは文書主義の原則といって,重要なものは全て文書にする必要があり,文書の果たす役割が極めて大きい。口頭や電話での情報の伝達は,文書より間違いが起こりやすく,証拠が残らないからである。

また,ビジネス文書では,定型的に同じような内容を作ることが多いので,繰り返される型を標準化しておけば,次にそれを応用し,速く文書を作成することができる。そのためには,作成する文書の趣旨を把握し,文書を分類して,どの型に当てはまるか判断することが必要である。

ビジネス文書をその趣旨別に大きく分けると,社外文書と社内文書になり,社外文書はさらに,商取引に関する文書と社交的な内容の文書(社交文書)に分けることができる。

---

[1] 清書(a clean copy)とは,上司が書いた原稿をきれいに書き直すこと。

2 社外文書

2-1 社外文書の特徴

　社外文書は，お客さまなど社外の人に向けた文書である。会社を代表して社外に発信するものであるから，内容が正確であるとともに，体裁が整っていなければならない。秘書は上司の指示に従って社外文書を作成することが多く，文書作成の際は次のことに注意をする。
① 基本の書式に沿って書く。
② 慣用表現や格調高い言葉を用いる。
③ 分かりやすい文章で書く。

2-2 社外文書の種類

商取引に関する社外文書には，一般的に次のようなものがある。
① 通知状
　　ある情報（書類の授受，会議の開催，社屋の移転・開設，人事異動，機構変更など）を相手に知らせる文書。
② 案内状
　　新商品・製品の発表会などを知らせる文書。
③ 依頼状
　　何か（送付，照会，調査の依頼など）をお願いするための文書。
④ 照会状
　　不明なことや疑問点（在庫の有無，商品や信用状態など）を問い合わせる文書。
⑤ 督促状（とくそくじょう）
　　約束が実行されていない場合に催促する文書。

[社外文書の書式]

受信者名
（株）などと略さずに正確に書く。敬称（様・殿・御中・各位等）は宛て先によって使い分ける。

発信者名
受信者と対応する職位にする。普通は課長以上。

頭語
普通は「拝啓」「拝復」「前略」の三つで間に合う。ただし、「前略」は前文を省いたときだけ。

記書き
用件が複数あるときは一連の番号を付けて、箇条書きで書く。

追伸
補足的なことや念を押しておきたいときに書く。「なお」から書き始める。「追って書き」ともいう。

同封物があるときは、この項を作る。2通以上あるときは、一連の番号を付ける。

前付け
　□守山電器株式会社
　□□川崎工場長　下田　徹郎

　　　　　　　　　貴工場

本文

前文
　拝啓　貴社ますますご発展
　□さて、当社では、5月6日
　により実施いたしますが、
　の生産工程の見学に組み入

主文
　□つきましては、ご多忙中
　場を見学させていただけれ
　□誠に勝手なお願いで恐縮
　よろしくお願い申し上げま

末文
　□まずは、ご依頼申し上げ

記書き
　□1　日　時　　5月15日（金
　□2　見学者　　当社新入社
　□3　引率者　　人材開発課

付記
　□□なお、正確な人数は、

　□同封　令和○年度新入社

第9章 文書作成

人 発 第12号 令和○年4月8日	**文書番号** 案内状や社交文書などには書かない。
株式会社宇田川商事 　人事部長　川島　弘一　㊞	**発信日付** 元号が普通だが，会社によっては西暦も使われる。
〜のお願い	個人印と職印の使い分けは，会社の「文書取扱規定」や「公印規定」などに従うのがよい。（現在では省略されることが多い。）
〜こととお喜び申し上げます。 〜新入社員研修を，同封の計画表 〜のうちの1日を，当社取り扱い品 〜たいと考えております。 〜し入りますが，下記の予定で貴工 〜いでございます。 〜はございますが，ご高配のほど， 〜す。　　　　　　　　　　　　　敬具	**表題（件名）** 内容を端的に表すようにするが，社外文書の場合，丁寧さも必要となる。
記	頭語が「拝啓」「拝復」のときは「敬具」を書く。「前略」のときは「草々」にする。書き忘れに注意。
〜5時から約2時間 〜約15名 〜長　北村健二 〜日までにご連絡いたします。 〜研修計画表　1通　　　　以上	
担当　人材開発課　小野 　　電話　（03）3200-6675	**担当者名** 直接の担当者がいる場合はここに書く。（問い合わせ用の電話番号は外線番号にする）

〜田教育出版発行「ビジネス文書検定受験ガイド3級」より

2-3 社外文書の形式

社外文書の一般的な形式は次の通りである。

(1) 前付け

前付けは、①文書番号、②発信日付、③受信者名、④発信者名からなる。

① 文書番号

　　文書番号は、各文書を正式に表すための固有の記号だが、簡易な文書では省くことが多い。特に、私信に近い社交文書には付けないのが普通である。

② 発信日付

　　日付は、必ず年・月・日まで入れる。年を表すには「令和」のような元号を使う式と、西暦を使う式とがある。

③ 受信者名

　　受信者名、すなわち「宛て先」は、普通は会社名と、職名、人名の2～3行になる。ともに正しく略さずに書く[2]。宛て先に付ける敬称は、次の表の通りである。

	受　信　者　名	敬　　称	
1	官庁・会社などの団体	御中	○○株式会社　御中
2	職名、個人名を付けた職名	殿・様	人事部長殿 佐藤総務部長様
3	多数（同格の人宛てに同文のとき）	各位	株主各位 プロジェクト委員各位
4	個人名（氏名を書いたとき）	様・殿 先生	山下　健次様 太田　利男先生

④ 発信者名

　　社外文書では、発信者と実際の作成者とが別であることが多い。用件の重要度によって、課長以上の役職者が発信者となる。ここには、印を

---

2) 例えば、株式会社を(株)と略したり、澤を沢としたりしない。

押すのが普通で，社印は発信者の末尾に[3]，個人印は発信者の最後の字から離さずに押すことが多い。

(2) 本文

本文は，⑤表題（件名），⑥前文，⑦主文，⑧末文，⑨記書きからなる。

⑤ 表題（件名）

　　表題は，その文書の内容を簡潔に示したもので，原則として，事務的なものには付けるが，短いものや社交文書には付けない。

⑥ 前文

　　前文は，用件に入る前のあいさつである。儀礼的要素の多い手紙には丁寧に書き，社内用や急用のときには付けない。

　　前文の最初に「拝啓」などの頭語(とうご)を書き，頭語の次に1字分ほど空けて，先方の繁栄を祝う言葉，日頃の愛顧を感謝する言葉，時候のあいさつなどを述べる。先方の繁栄を祝う言葉は，例えば「貴社ますますご発展のこととお喜び申し上げます」など。日頃の愛顧を感謝する言葉は，例えば「平素は格別なるお引き立てを賜り，誠にありがとうございます」などである。頭語と結語の組み合せと時候のあいさつ例は次の表の通りである。

頭語と結語の組み合わせ

頭語	結語	用途
拝啓	敬具	通常の文書
謹啓	敬白	改まった文書
拝復	敬具	返信の文書
前略	草々	事務的な文書，急ぎのとき
付けない	付けない	見舞状・悔やみ状

---

3) 社印と個人印を両方押すときは，社印を中央にする。

時候のあいさつの例

1月	お健やかに新春をお迎えのことと存じます。	厳寒の候	厳冬の候
2月	余寒なお厳しい折から	向春の候	余寒の候
3月	日増しに暖かになりますが	早春の候	春寒の候
4月	よい季節になりましたが	陽春の候	春暖の候
5月	若葉の季節となり	新緑の候	薫風の候
6月	梅雨の長雨が続いていますが	初夏の候	梅雨の候
7月	急にお暑くなりましたが	盛夏の候	猛暑の候
8月	立秋とは名ばかりの暑さですが	残暑の候	晩夏の候
9月	朝夕はしのぎやすくなり	新秋の候	初秋の候
10月	秋色いよいよ深まりましたが	秋冷の候	紅葉の候
11月	菊花香る折から	晩秋の候	向寒の候
12月	暮れも押し迫ってまいりましたが	歳晩の候	初冬の候

⑦ 主文

主文は，用件を述べる部分で文書の中心である。普通は「さて」で書き出し，慣用表現を用いて分かりやすく書く。また，ここに入れると煩雑になる事項は，「下記の通り」とし，「記」と書き，その下に箇条書きにする。

主な慣用表現

会社・団体	（相手）貴社・御社・そちら様 （自分）弊社・当社・私ども
今回	このたび
本当に	誠に
残念ですが	あいにく
ぜひ	何とぞ
調べた上で受け取ってほしい	ご査収ください
見てください	ご高覧ください
悪く思わずに分かってほしい	あしからずご了承ください
贈ったものを納めてほしい	ご笑納ください
忙しいとは思うが	ご多忙中（ご多用中）とは存じますが
注文してくれるよう	ご用命くださいますよう
良い品物を贈ってもらい	結構なお品をご恵贈（けいぞう）賜り

⑧　記書き

主文に入れると煩雑になる事項を一つ一つ書き並べる書き方。伝えたい内容が一目で分かる。

⑨　末文

末文は，主文の内容をまとめて終わりのあいさつの役目を果たす。普通は「まずは」で書き出すことが多い。末文の行末に，「敬具」などの結語(けつご)を添える。

(3) 付記

本文を補足する添え書きが付記(ふき)で，⑩追伸，⑪同封物リスト，⑫担当者名からなる。「後付け(あとづけ)」ともいう。

⑩　追伸

本文に入れるほどでもないこと，または念を押しておきたいことを書く。「なお」で書き出すことが多い[4]。

⑪　同封物リスト

関係資料を同封するときはここに書く。同封物が2通以上あるときは一連番号を付けて，同封物にも番号を入れ照合できるようにする。

⑫　担当者名

④発信者名で述べた通り，社長名で出した会合の案内状でも，実際に担当する秘書の名前などを書く。

---

4) 以前は「追って」と言う言葉で書き出したので「追って書き」ともいう。

3 社交文書

3-1 社交文書の特徴

　社交文書も社外文書の一種であるが，企業が関係先との関係をよくするために出す手紙のことで，私信に近いものである。秘書は，上司の出す社交文書を代筆したり，その草稿を書いたりすることが多く，次のことに注意する。
　① 事務文書よりも私信に近いので，しきたりやエチケットを重んじる。
　② タイムリーなことが必要なので，関係先の慶事や弔事などを知ったら，すぐに関係者に連絡する。

3-2 社交文書の種類

　一般的な社交文書には，次のようなものがある。
　① 紹介状
　　　ある人を知人に紹介するための文書。

［文例］紹介状

```
                                          令和○年9月3日
    吉川産業株式会社　社長
      浅　井　　昭様             株式会社　　古川商会
                                 社長　　古川　常太郎㊞

　拝啓　日ごろのご無沙汰をおわび申し上げます。
　　さて，突然ですが，松坂通夫氏をご紹介申し上げます。同氏は当社の
　有力な取引先である松坂商事㈱の社長で，高取市の商工会議所の会頭を
　なさっております。貴社のお取扱い品について，特別の興味をお持ちと
　のことなので，ここにご紹介いたす次第です。
　　何とぞ，よろしくご引見下さるようお願いいたします。　　　　敬具
```

② 慶弔状

　　慶弔の際は，本来直接出向いてあいさつするのが礼儀であるが，それができない場合は電報（祝電・弔電）を打つか手紙を出す。

[文例] 祝い状（栄転）

> 　拝啓　残暑が厳しゅうございますが，いよいよご健勝にお過ごしのこと，お喜び申し上げます。
> 　さて，このたびは本店総務部長にご栄転なさいました由，誠におめでとうございます。
> 　大阪支店ご在勤中は，何かと格別のご厚情を賜り，深く感謝いたしております。今後も相変わらずご指導下さいますよう，お願いいたします。
> 　何とぞ一層ご自愛の上，ご活躍のほどお祈り申し上げます。
> 　まずは，取りあえず書中をもってお祝い申し上げます。　　　　敬具

③ 見舞状

　　先方の病気や災害などを見舞うための文書で，前文を省きすぐ主文に入る。

[文例] 見舞状（病気）

> 　昨日，貴社の△△氏から，ご入院のことをお聞きいたしました。
> 　手術も短時間ですみ，その後の経過も順調とのことで，ほっといたしております。
> 　一日も早いご回復をお祈りいたします。○○様も，お仕事のことは一切お忘れになって，ゆっくりご養生なさいますように。
> 　退屈されたころ，お見舞いに参上いたしますが，取りあえずお見舞いまで申し上げます。
> 　なお，何が召し上がれるのか，よく分かりませんので，失礼ではございますが，お見舞いを同封[1]いたしました。

注）(1) 現金を「お見舞」と書いた封筒に入れ，この手紙とともに現金書留で郵送する。

④ 案内状・招待状

会合やパーティー，式典などの催しに参加を求める文書。

［文例］案内状（祝賀会）

> 謹啓　菊薫る候，ますますご健勝のことお喜び申し上げます。
>
> 　さて，このたび当商工会議所会頭○○氏には，会頭として長年にわたり，経済の振興と地域の発展に貢献された功績により，今秋，藍綬褒章[1]を授与されました。
>
> 　つきましては，これを記念いたしまして，ささやかながら，下記のとおり祝賀会を催したく存じます。ご多忙中のところ恐縮でございますが，何とぞご参加下さいますよう，ご案内申し上げます。
>
> 　　　　　　　　　　　　　　　　　　　　　　　　　　　敬具
>
> 　　　　　　　　　　　　　　記
> 　1　日時　○月○日（金）午後6時から8時まで
> 　2　場所　○○○
> 　3　会費　○○円
> 　　　　　　　　　　　　　　　　　　　　　　　　　　　以上
> 　　　　　　　　　　　　　　　　　　　　発起人＊（連名）

注）(1)　藍綬褒章（らんじゅほうしょう）
※　こういう会には，何人かの「祝賀会をやろう」と言い出す人（発起人）が必要である。

⑤ あいさつ状

　役職者の異動，新店舗開設，事務所移転の案内などを取引先に知らせ，一層の厚意と支持をお願いする文書。

［文例］あいさつ状（役職者交代）

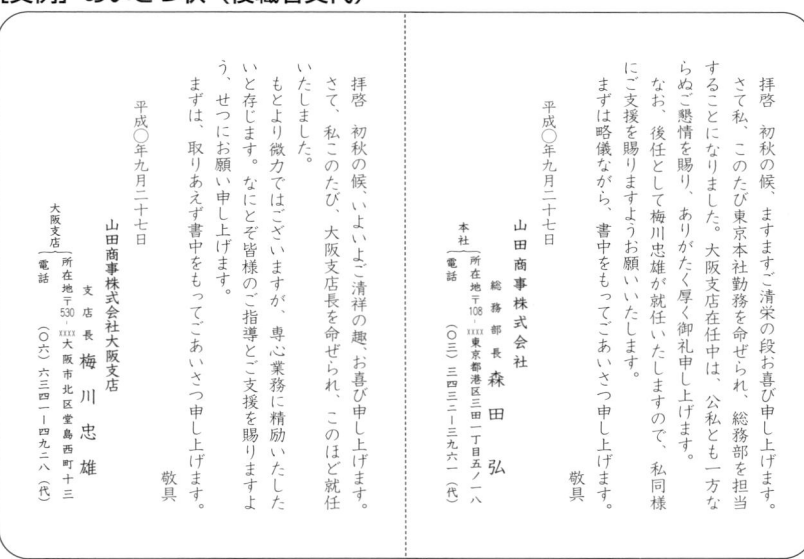

[右側の文面]

拝啓　初秋の候，ますますご清栄の段お喜び申し上げます。さて私，このたび東京本社勤務を命ぜられ，総務部を担当することになりました。大阪支店在任中は，公私とも一方ならぬご懇情を賜り，ありがたく厚く御礼申し上げます。なお，後任として梅川忠雄が就任いたしますので，私同様にご支援を賜りますようお願いいたします。まずは略儀ながら，書中をもってごあいさつ申し上げます。

敬具

平成〇年九月二十七日

山田商事株式会社
総務部長　森　田　　弘

本社　所在地〒108
　　　　××××東京都港区三田一丁目五ノ一八
　　電話　（〇三）三四三二一三九六一（代）

[左側の文面]

拝啓　初秋の候，いよいよご清祥の趣，お喜び申し上げます。さて，私このたび，大阪支店長を命ぜられ，このほど就任いたしました。もとより微力ではございますが，専心業務に精励いたしたいと存じます。なにとぞ皆様のご指導とご支援を賜りますよう，せつにお願い申し上げます。まずは，取りあえず書中をもってごあいさつ申し上げます。

敬具

平成〇年九月二十七日

山田商事株式会社大阪支店
支店長　梅　川　忠　雄

大阪支店　所在地〒530
　　　　　××××大阪市北区堂島西町十三
　　電話　（〇六）六三四一一四九二八（代）

注）　1　この役職者交代のあいさつ状は，前任者と後任者とが2通1連で出すものである。

　　　2　この文例は，大阪支店の関係先に宛てたものである。前任者の森田氏は，東京本社で前任の総務部長と連名で，同じようなあいさつ状を作るわけである。

　　　3　用紙は往復はがき大のカード用紙を二つ折にし，活字は教科書体（文例の字体）にするのが普通である。もちろん横書きにしてもよい。

⑥　礼状

先方の行為や尽力に対して感謝の気持ちを伝える文書。直ぐに出すように心掛ける。

［文例］礼状（出張）

拝啓　ますますご健勝のことお喜び申し上げます。

さて，先日の貴地出張に際しまして，ご多忙中にもかかわりませず，いろいろとご配慮賜り，厚く御礼申し上げます。お陰さまで，所期の目的を達することができたばかりでなく，思いがけぬおもてなしにあずかり，誠にありがとうございました。

貴社の一層のご発展をお祈りいたすとともに，当社に対し今後とも変わらぬご支援を賜りますよう，お願い申し上げます。

まずは，取りあえず御礼申し上げます。　　　　　　　　敬具

4　社内文書

4-1　社内文書の特徴

　社内のコミュニケーションは口頭・電話・メールによることも多いが，受け手がそれによって何らかの行動をとる場合，重要な事柄で証拠がいる場合，内容が複雑な場合などには文書による。社内文書の特徴は次の通りである。

(1) 社外文書ほど丁寧でなくてよい

　例えば，社外文書では「お願い致します」「お願い申し上げます」と書くべきところも，社内文書では「お願いします」「願います」でよい。

(2) 前文は要らない

　社外文書と違い，社内文書には前文を書かず，頭語も不要である。結語として「以上」を入れる。

4-2　社内文書の種類

　一般的な社内文書には次のようなものがある。

① 稟議書[5]

　　ある案件について，決裁権を持つ上の人の決裁・承認を仰ぐ文書。

② 報告書

　　出張報告書，調査報告書など，事実や経過を報告する文書。

③ 通達

　　会社として決定事項を知らせる命令から，社員の便宜を図るためのもの。強制力はない連絡事項まで，各種各様のものがある。

---

5) 伺い書・上申書・起案書などとも呼ばれる。

社内文書の形式

```
                                    ①文書番号
                                    ②発信日付
   ③受信者名
                                    ④発信者名    ㊞
                        ⑤表  題
                        ⑥主  文

                          記
   1
   なお，         ⑦追  記
   同封  1  ⑧添付資料
         2

                                         以上
                         担当  ⑨担当者名（連絡先）
```

```
                                         総達21号
                                    令和○年6月30日
   部課長各位
                                         営業部長
                    営業会議開催のお知らせ
   今月の営業会議を下記のように行います。各課員に周知させてく
   ださい。
                          記
    1. 日時   7月31日（月）  11：00から14：00まで
    2. 場所   第1会議室
    3. 資料   同封の資料を持参してください。
   なお，昼食はこちらで用意します。
   同封  1.  ○○○資料
         2.  ○○○

                                         以上
                       担当： 営業部  青木
                            （内線215）
```

4-3 社内文書の形式と留意点

① 文書番号
　正式文書に付け，重要でない文書には付けない。

② 発信日付
　日付は，必ず年・月・日まで入れる。

③ 受信者名
　受信者名は，個人名でなく役職名にする。同じ文書を多数出す場合は「各位」，「関係者各位」などとする。

④ 発信者名
　個人名でなく組織単位の責任者の役職名にする。

⑤ 表題（件名）
　本文の内容を簡潔に表したもので，表題の後に（案内）（お願い）など文書の性質を表す言葉を（　）内に入れる。

⑥ 主文
　文書の中心で，「標記について」などと書き出す。

⑦ 追記
　注意事項や補足する事項を書く。「なお」で書き出すことが多い。

⑧ 添付資料
　図表や地図など，添付資料があればその名称と枚数などを記す。

⑨ 担当者名
　担当者の部署，氏名，連絡先を書く。

5 メモ

　メモとはメモランダム[6]の略で，一般には大事なことを忘れないように書き留めた非公式の文書である。秘書はメモを使うことが多いが，メモは，自分のために作る「心覚えメモ」，人のために作る「伝言メモ」，お互いのために作る「依頼メモ」に分けることができる。

5-1　メモの取り方

(1) メモの準備をする

　メモ用紙と筆記具を手元に準備しておき，いつでもすぐにメモが取れるようにしておく。メモ用紙の大きさはＡ４[7]，またはＢ４サイズの用紙を四つ切にしたくらいのもので，筆記具は早く力強く書ける濃い目の鉛筆やボールペンが適当である。

　自分のためのメモであれば，用紙は不要となった紙の裏面でもよいが，「電話の伝言メモ」など，よく同じメモを取ることがあるものは，定型の帳票を作っておくとよい。

(2) 早く正確に取る

　相手の話をよく聞きながら，書き取るようにする。相手の話をメモするときは，自分の勝手な考えを交えずに，言われた通りに取る。漏れなく取るためには，５Ｗ３Ｈで要点を押さえながら取るとよい。

(3) 分かりやすく書く

　読みやすい大き目の文字で，分かりやすい文章で書く。書き方はなるべく箇条書きにしたり，長いものや複雑な内容のものには，表題を付けたり，重要なところへアンダーラインなどをして見やすく工夫するのもよい。

---

6) memorandum 覚え書き，備忘録のこと。
7) 用紙のサイズについては174ページの表を参照のこと。

(4) 1件1葉にする

1枚のメモ用紙には，1つの要件だけを記入するようにする。後で分類・整理するときや，情報・資料として利用するときに都合がよい。

5-2 メモの種類

(1) 心覚えメモ

上司から指示を受けるときに作るメモや，簡単な報告を口頭でするときに要点を書いたメモ，客からもらった名刺にその人の特徴を書いておくメモなどいろいろなものがある。

(2) 伝言メモ[8]

電話や来客で名指しされた人がいないときに，その内容を書くのが伝言メモである。

(3) 依頼メモ

相手に物を頼むとき，口頭でお願いすると共に，依頼する内容を書いて渡すのが依頼メモである。人間の記憶に頼ると，それが曖昧だったり不正確だったりすることが多いものだが，依頼メモを渡すことによって，相手にとっての備忘録ともなる。依頼メモでは次のことに注意する。

① 依頼内容を5W3Hでチェックする。
　　伝言メモと同様の方法で確かめてみる。依頼内容の漏れや誤りを防ぐことができる。

② 口頭でのフォローを忘れない。
　　メモを渡すときは，依頼内容のポイントを口頭で説明し，「よろしくお願いします」などの一言を添えるようにする。

---

8) 伝言メモについては第3章50ページ参照のこと。

6 ファクス(FAX)

　文書の送信手段として，ファクスが利用されることもある。郵送と比べると，送付の早さが利点であるが，注意すべき点もある。郵送で社外文書を送る場合は，読んで欲しい順に資料を重ねて，封筒に収めてひとまとまりとして送るが，ファクスの場合，ときとして書類はバラバラになり，さまざまなところからファクスを受信する会社などでは，他からの受信文書と混じってしまうといったことが起こりがちである。また，機械の調子によっては，全ての枚数が受信されないといったことも起こりうる。そこで送付者は，送付状とページ番号をつける配慮が必要になる。社外文書と同じように，ファクス送付状を標準化しておくと便利である。

ファクスの送付状

```
FAX_____          日付：　．　．

                                   日本産業株式会社
  送信先：                          〒169-xxxx
  _____                 東京都新宿区高田馬場1-4-15
                                   TEL:03-0000-0000  FAX:03-0000-0000
  会社名：                          発信者：
  _____                 _____
                                   送信枚数(送信状含む)：
                                   _____

  ┌─────────────────────────────────────────┐
  │  用　件：                                   │
  │                                             │
  │                                             │
  │                                             │
  │                                             │
  │                                             │
  │                                             │
  └─────────────────────────────────────────┘
```

7 データのグラフ化

　秘書は，上司の指示で報告書などの作成をすることがあるが，データをグラフにすると視覚に訴え，全体の傾向や個々の比較を一見して理解することができる。一般にはエクセル[9]など表計算ソフトを使用するが，基本となる各々のグラフの特徴と作成方法を理解しよう。

　なお，グラフを作成するときには，表題（タイトル），調査年月日を明記し，他の資料に基づいて作成する場合は，調査期間，引用資料（出典）も明記する。

(1) 折れ線グラフ

　折れ線グラフは，あるものの数量がどのように変化していったかを見るのに適したグラフで，連続した動きや時間の推移による数量の変化を表すときに使い，線の高低により比較する。物価統計，売り上げ統計などに用い，作成上の注意点は次の通りである。

① 時間の推移による変化を示すグラフは，左から右に時間が流れるように目盛りを取る。

② 複数の構成要素を一つの折れ線グラフ上に表す場合は，実線，点線など，線の種類を変える。

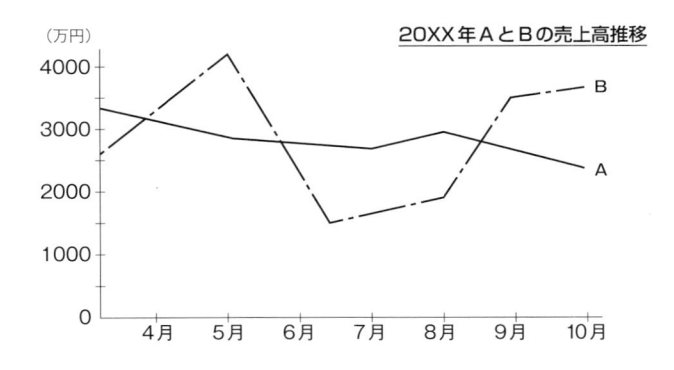

20XX年AとBの売上高推移

9）Excel、マイクロソフト社が販売している表計算ソフト。

(2) 棒グラフ

棒グラフは，ある時点での数量の比較をするときに適したグラフで，棒の長さによって数量の大小を比較させるときに使う。支店別売り上げ比較，部署別人員構成比較などに用い，作成上の注意点は次の通りである。

① 棒の幅は均等にする。
② 極端に長い棒になる場合は，中断記号を使って短くする。

20××年1月製品別生産高

(3) 円グラフ

円グラフは，構成比を示すグラフとして最も利用されており，円周の全体を100％として，項目の構成比を扇型の大小で表現する。作成上の注意点は次の通りである。

① 構成項目の百分率（パーセンテージ）を求め，角度に換算する。
② 円を描き基線（円の頂点と中心点を結ぶ線）を最初に入れる。
③ 構成項目は大きい比率のものから右回りに描く。但し，アンケート調査などで使用する「よい」「どちらともいえない」「よくない」といった項目は，比率に関係なくこの順に並べる。「その他」は比率の大小に関

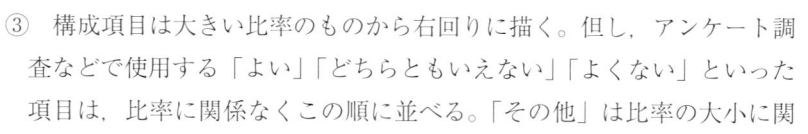

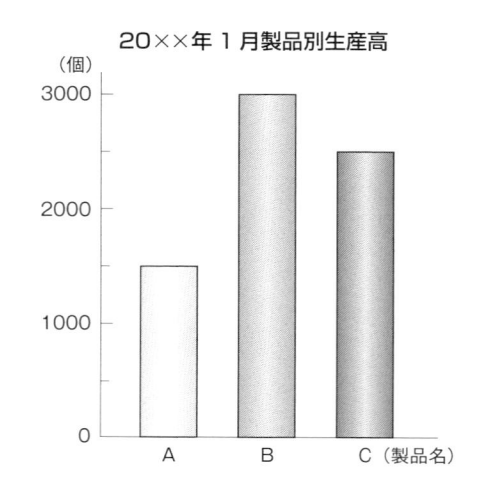

20××年度秘書検定2級受験者の職業別割合

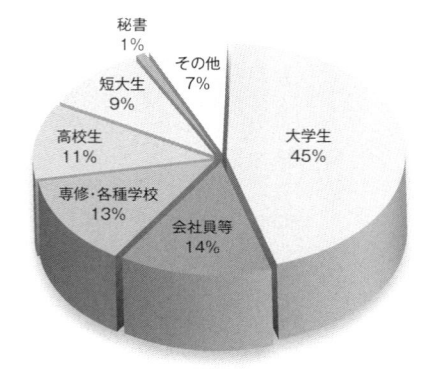

（秘書 1％、その他 7％、短大生 9％、高校生 11％、専修・各種学校 13％、会社員等 14％、大学生 45％）

係なく最後にする。
④ 構成要素と比率を記入する。

(4) 帯グラフ

帯グラフも，構成比を示すグラフで，帯の全体の長さを100％として，項目の構成比を長方形の面積の大小で表現する。同じ項目を年度別や国別などに比較する際に用いると便利で，作成上の注意点は次の通りである。
① 構成項目の百分率（パーセンテージ）を求め，帯の長さに換算する。
② 構成項目は比率の大きい順に左から区切っていく。ただし，年度別比較などで複数の帯グラフを並べて書く場合は，最初に並べた項目順を変えず，比較しやすいようにする。
③ 構成要素と比率を記入する。

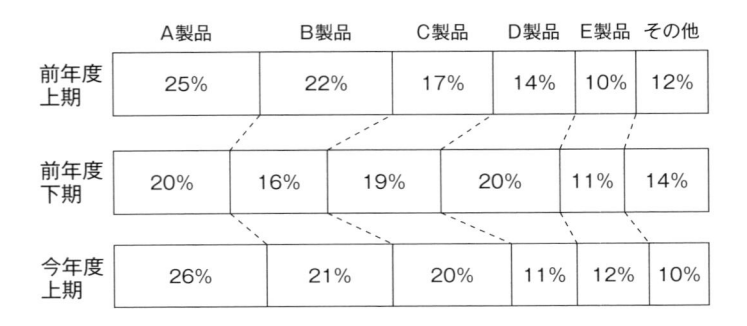

	A製品	B製品	C製品	D製品	E製品	その他
前年度上期	25%	22%	17%	14%	10%	12%
前年度下期	20%	16%	19%	20%	11%	14%
今年度上期	26%	21%	20%	11%	12%	10%

8　電子メール

　電子メールは，ビジネス現場におけるコミュニケーションツールとして不可欠なものになっている。特に，相手が急いでいたり，遠方である場合には，相手の了承を得た上でメールに添付して文書を送信することが多くみられる。電子メールで送る文書もビジネス文書の一種なので，作成方法の基本は本章で学んだ通りである。

ブルックス販売株式会社
代表取締役　月星　隼人　様

フォーシーズン研究所の大関省吾でございます。
平素より格別のご高配を賜り厚く御礼申し上げます。

さて，昨日お願いしていた資料が先程届きました。
迅速な対応，とても助かりました。
早速活用させていただきます。

今後ともよろしくお願いいたします。
まずはお礼まで。

＊＊＊＊＊＊＊＊＊＊＊＊＊＊＊＊＊＊＊＊＊
〒169-0075
新宿区高田馬場1-1-1
　　フォーシーズン研究所　大関　省吾
　　TEL:03-3209-0000
　　E-mail:s-XXXX@4s.co.jp
＊＊＊＊＊＊＊＊＊＊＊＊＊＊＊＊＊＊＊＊＊

8-1　電子メールの留意点

電子メールならではの心掛けるべき点は，次の通りである。

① 短くまとめる。
② あいさつはシンプルにする。
③ 用件を先に書く。
④ 箇条書きにする。
⑤ 段落間は1行開ける。
⑥ 1行は35文字程度にする。
⑦ 署名を入れる。
⑧ 相手の立場に立って読み返してみる。
⑨ 返信は早めに行う。
⑩ 敬語表現は適切にする。
⑪ 一つのメールには一つの用件にする。

8-2　添付ファイルの留意点

　電子メールにファイルを添付する場合は，容量の大きなファイルは送信しないようにする。メール受信に長時間を要して相手に迷惑をかけたり，PCトラブルの原因にもなるからである。大きなファイルを送る必要があるときは，複数に分けて送ったり，圧縮[10]して送るなど気を付けなければならない。

練習問題

秘書検定の実問題で練習し理解を深めよう。

1．次は社外文書の一部である。下線のカタカナ部分を漢字に直しなさい（漢字の正確さも採点します）。　　　　　　　　　　　　　（3級）

---

10) データなどのファイル容量を小さくすることを圧縮、元に戻すことを解凍または展開という。

1) 早速ご<u>ヨウメイ</u>を<u>タマワリ</u>誠にありがとうございます。
　　　　　ａ　　　ｂ

2) <u>ジカ</u>ますますご<u>リュウセイ</u>のこととお喜び申し上げます。
　　ａ　　　　　ｂ

3) 取りあえず<u>ショチュウ</u>をもって御礼申し上げます。<u>ケイグ</u>
　　　　　　　ａ　　　　　　　　　　　　　　　　　ｂ

２．文書で，次の宛て名に付ける敬称を答えなさい。　　　　　（3級）

1) 個人名
2) 職名
3) 官公庁，会社などの団体名
4) 同じものを多くの人にあてる場合

３．秘書Ａ（山本）の上司（山田総務部長）は，社内の業務改善委員長をしている。その上司から，「7月4日（水）10時から12時まで，第一会議室で業務改善委員会を行う。各部門の業務改善テーマを考えてくるように」という通知状を，委員宛てに出すよう指示された。この文書を作成するに当たって，下の文書の枠内に適切なことを書きなさい。　（2級）

令和〇〇年6月20日

業務改善委員会の開催について
標記委員会を下記の通り開催しますので，ご出席ください。

担当　山本
（内線123）

第9章　文書作成

4．秘書佐藤の上司（山田部長）が外出中に，Y社のS氏が，転任するということで新担当者と一緒にあいさつに来た（6月16日3時30分）。上司が留守なので新担当者の名刺を置いて，よろしく伝えてもらいたいと言って帰った。このような場合の上司への伝言メモはどのように書くか。
（2級）

5．次は秘書Aが，上司の指示で書いた歳暮のあいさつ状である。下のはがきの　　　　　部分に，次の「　」内の文章を，前後の文章と同じ丁寧さに直して書きなさい。
（準1級）

「ついては，普段の感謝の印として，別便で○○を送った。
　つまらない物だが，どうかもらってくれるように願う」

拝啓　初冬の候，ますますご健勝のこととお喜び申し上げます。
平素は格別のお引き立てにあずかり，厚く御礼申し上げます。

まずは、略儀ながら書中をもってごあいさつ申し上げます。　敬具

6．次の下線部分と同じ意味の手紙の慣用語を答えなさい。
（準1級）

1)　このたびは<u>よいお品</u>を<u>お贈り</u>くださいまして，厚く御礼申し上げます。
　　　　　　　　　　a　　　　　b

2)　事情ご推察の上，<u>理解して</u><u>ご承知</u>くださいますようお願い申し上げます。
　　　　　　　　　　a　　　　b

3)　まずは，<u>略式ですが</u>御礼を<u>兼ねまして</u>ごあいさつ申し上げます。
　　　　　　a　　　　　　　　b

7．次の各文の下線部分を，手紙の慣用語に直しなさい。　　　　（1級）

1)　寒さに向かう時期だから　体を大切にしてください。
　　　（　a　）　　　　　　（　b　）

2)　あなたにはよそ事でしょうが　心配しないでください。
　　　（　a　）　　　　　　　　（　b　）

3)　あなたの意向に合わせることができませんが，事情を推察してください。
　　　（　a　）　　　　　　　　　　　　　　　（　b　）

8．秘書Aは，取引先からお中元が届いたので礼状を書くことにした。この場合の礼状を縦書きで書きなさい。　　　　（1級）

第10章 文書の受発信とファイリング

　秘書は毎日，上司宛てに来る文書や上司から出す文書を取り扱う。これらの文書の受発信を確実に，迅速に行うのは秘書の大切な仕事の一つである。また，これらの文書を，必要に応じてすぐ利用できるように整理・保管しておくファイリングも極めて重要な仕事である。

　紙の文書を電子化して管理する電子ファイリングシステムの導入も進んではいるが，会社によって差が大きい。いずれにせよ，従来通りの紙によるファイリングはほとんどの会社で行われており，なくなることはないだろう。

　この章では，文書の受発信とファイリングについて学習する。

1 文書の受信

1-1 文書の受信

　外部から来た文書は，会社の規模によって異なるが，まず文書係が受け付け，そこで宛て先別に仕分けるのが一般的である。仕分けた文書は，文書係が配達する場合と，各部署から取りに来る場合がある。

1-2 秘書の受信業務

　秘書は上司宛ての文書を入手したら，まず「開封せずに渡す文書」と「開封して渡す文書」に分ける。会社の業務に関する文書を「業務用の文書」，個人的な文書を「私信」という。

（1）開封せずに渡す文書
① 私信と思われる文書
② 業務用の文書のうち親展・秘扱い，書留の文書
③ 業務用の文書か私信か不明な文書[1]

（2）開封して渡す文書の注意点
① 重要なものや急を要するものと，そうでないものとに分ける。
② 文書の裏に封筒をクリップで止め，重要なものや急を要するものを上にして上司に渡す。
③ 宛て名が上司名でも，他に担当部署があるときは担当部署に渡す。
④ ダイレクトメールなどで，上司に見せる必要がないものは捨てる。
⑤ 来信がこちらから出した文書の返信の場合は，その控えを添える。
⑥ 文書の要点をメモにして添えたり，重要な点にアンダーラインを引いたりするものよい。
⑦ 受信した文書のうち，親展・秘扱い文書，書留など，特に重要なものについては，次のような受発信簿に記録しておくとよい。

1）社用の封筒でないものは私信とみる。迷うときは私信扱いにするのがよい。

受発信簿

受信月日	発信月日	郵便物種類	受 発 信 先	印	備 考

2　文書の発信

2-1　社内文書の発信

　現在は，社内文書のやりとりはメールが主流となっているが，文書の本紙を届ける必要がある場合は社内便を利用したり，重要文書や秘文書の場合は秘書が持参することもある。

2-2　社外文書の発信

　社外への発送は，受付と同じく文書係が一括して行うことが一般的である。発信の際には次のことに注意する。
① 　封筒には色々なサイズがあるので，封入物にあったものを選ぶ。
② 　宛て名や郵便番号などを正確に読みやすく書く。
③ 　封はのりでしっかりとめる。セロテープやホチキスでは封をしない方がよい[2]。
④ 　親展や秘扱い文書，儀礼的な文書には，封じ目に〆印を書くか封印を押す。
⑤ 　切手を貼るときは，不足のないように正確な料金を調べて，ゆがんだりしないように注意する。
⑥ 　重要文書の発信の際も，前出の受発信簿などに記録しておくのがよい。

2）セロテープやホチキスではあまりに簡便すぎる。また，ホチキスでは，他の手紙が封の合わせ目に挟まったり，他の手紙を傷つけることもある。

3 「秘」扱い文書の取り扱い

　秘書の扱う文書には秘扱い文書が多く，取り扱いには細心の注意が必要である。秘書は，文書を机の上に広げたままにすることなく，上司以外の人が近づいたらさりげなく裏返したり，ほんの数分席を立つときでも文書をしまう習慣を身に付けるよう心掛けなければならない。

3-1　社内での取り扱い

① 個人宛てに渡すときは，封筒には「秘」でなく「親展」と表示をして封をする。
② 他部署に渡すときは，文書受け渡し簿に記入して受領印をもらう。
③ 配布するときは，文書に通し番号を付けて配布先を記録しておく。
④ コピーを取るときは，必要部数だけコピーして記録しておく。
⑤ 廃棄するときやミスコピーは，文書細断機（シュレッダー）にかけるか焼却する。
⑥ ファイルするときは，一般文書とは別にして，鍵付きのキャビネットなどに管理する。特に重要な文書は，金庫や耐火キャビネットに入れて万一の場合に備える。

文書受け渡し簿

月日	文　書　名	宛て先(受取印)	月日	文　書　名	宛て先(受取印)

3-2　社外に発送するときの取り扱い

① 社外に発送するときは，二重封筒にして，内側の封筒には「秘」の印を押し，外側の封筒には「親展」と記して封をする。
② 郵送するときは，簡易書留にして必ず受発信簿に記録し，発送後，受信者に秘扱い文書を送ったことを電話で連絡しておく。

4 郵便の知識

文書の郵送に当たっては，適切な方法を選ぶ必要があるため，秘書は郵便などについての知識がなければならない。

4-1 はがき

はがきには，普通のはがきと往復はがきがある。宛て名がはっきりと読めれば表面にも通信文を書くことができる。裏面には収入印紙などを貼ることもできるので，はがきを領収書や委任状に利用することもできる。往復はがきは，会の案内状で出欠の返事を折り返しもらいたいようなときに使う。

4-2 封書

封筒に入れる手紙は第1種郵便物といい，一定範囲の大きさのもの（定形）とそれ以外の大きさのもの（定形外）とに分けられ，それぞれ料金体系が違う。

宛て名の書き方には縦書きと横書きとがあり，事務的な文書は横書きに，儀礼的な文書は縦書きにすることが多い。

（1）縦書き式

縦書きでは，図のように宛て名の氏名がほぼ中央に来るように，住所をその右に少し小さめの字で書く。直接，名宛て人に開封してもらいたいときは，「親展」[3]と書く。また，内容を「請求書在中」などと表示することもできる。

（2）横書き式

封筒の横書きには，図のように縦長式と横長式とがあり，社内用封筒の印刷によってどのように使うかが決まる。

3）「外脇付け」という。他に「重要」「至急」などがある。

縦書き 　　封印の例 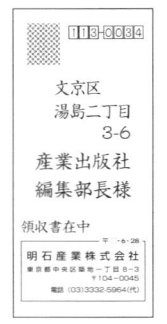　　横書き（縦長式） 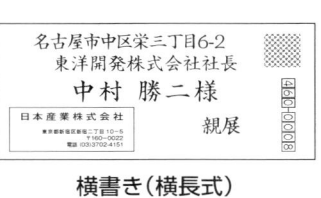　　横書き（横長式）

封筒の寸法（JIS　S　5502から）

種　類		寸法mm	適　合　す　る　内　容　物
長形	2号	119×277	B5縦二つ折り，A4横三つ折り用
	3号*	120×235	A4横三つ折り用
	4号*	90×205	B5横四つ折り用
	40号*	90×225	A4横四つ折り用
角形	2号	240×332	A4用
	3号	216×277	B5書類雑誌用
	4号	197×267	B5用
	5号	190×240	A5書類雑誌用
	6号	162×229	A5用
	7号	142×205	B6，B4縦・横四つ折り用
	8号*	119×197	給料用，B5横三つ折り用
洋形	1号*	120×176	カード用
	2号*	114×162	A4縦・横四つ折り，官製ハガキ用
	3号*	98×148	B5縦・横四つ折り用
	4号*	105×235	A4横三つ折り用
	5号*	95×217	A5縦二つ折り
	6号*	98×190	B5横三つ折り用
	7号*	92×165	A5横三つ折り用

注　＊印は定形郵便として認められる寸法。

4-3 特殊取扱

郵便物を次の特殊取扱郵便物とする場合は、通常の料金に特殊取扱料金が加算される。

(1) 速達
郵便物を早く送りたいときは速達にする。はがきや封筒の上に赤い線を引けば、速達と書かないでもよい。

(2) 書留
重要なものを送るときは書留にする。郵便局は引受け時に受け取りを出し、配達時に受取人の受取印を取るから確実で、万一、事故で届かないときは賠償が受けられる。書留には次の3種類がある。

① 一 般 書 留：現金以外の有価証券類（小切手、商品券など）を送るときに利用する。
② 現 金 書 留：現金を送付するときに利用し、硬貨も送ることができる。送付の際には現金書留専用封筒に入れてから、図のように封をし、封じ目に割り印をする。
③ 簡 易 書 留：秘文書や生原稿、5万円までの有価証券など重要なものを送るときに利用する。一般書留より料金が割安である。

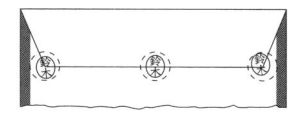

また、一般書留と現金書留の場合は次の特殊扱いにすることができる。

④ 引受時刻証明：郵便物を差し出した時刻を証明する。
⑤ 配 達 証 明：郵便物を配達した日付を証明する。
⑥ 内 容 証 明：どのような内容の文書を出したかを証明する。

4-4 大量の郵便物の発送

(1) 料金別納郵便
料金が同じ郵便物を同時に10通以上出すときに利用できる。事前に取り扱い郵便局の承認を受け、図のようにスタンプを押すか印刷しておくと、切手を貼る手間が省ける。

(2) 料金後納郵便

毎月50通以上の郵便物を出すときに利用できる。事前に承認を受け，図のようにスタンプを押すか印刷しておくと，料金は翌月現金で納付すればよい。

(3) 料金受取人払い郵便

アンケートなどで相手先に料金負担をかけずに返信を受けたいときに利用する。事前に承認を受け，図のような表示をしておくと，受取人は返信を受けた分だけの郵便料金を支払えばよい。

4-5 郵便小包 [4]

手紙では送れないか，または料金が割高になるような重い品や大きい品は小包を利用する。小包には，添え状や送り状の他は中に手紙を入れることはできないが，次の通り色々な種類がある。

① ゆうパック　　（一般小包）：サイズと宛て地によって料金が異なる。
② レターパック（定形小包）：Ａ４判が入る大きさの専用封筒を使用する。一定の重量以内であれば，全国一律料金で送ることができる。追跡サービスで配達状況を確認することができる。
③ ゆうメール　　（冊子小包）：重量1kgまでの書籍やパンフレットなどの印刷物，ＣＤやＤＶＤなどを送るときに利用する。中身が確認出来るように，封筒の一部を開封する。一般郵便物より割安となる。

---

[4] 郵便小包に関わる制度は変更が多いので，その都度確認することが望ましい。

5　ファイリングとファイル用具

5-1　秘書とファイリング

　あらゆる国の秘書に要求される技能の一つが，このファイリングで，ファイリングとは「文書を必要な際，すぐ利用できるように整理しておくこと」である。

　紙の文書を電子化して管理する電子ファイリングシステムの導入も進んではいるが，会社によって電子化の差は大きい。いずれにせよ，従来通りの紙によるファイリングはほとんどの会社で行われており，今後も完全になくなることないだろう。ここでは，ファイリングの基本として必要な知識を学んでいく。

5-2　ファイル用具と使い方

　ファイルのための用具には，クリップやホチキスなどの留め具類，文書のつづりこみに使うファイル類，書類箱や書棚のような容器類がある。

（1）留め具類

　① 　クリップ

　　ゼムクリップともいい，数枚の紙を仮にまとめておくときに使う。

　② 　ホチキス

　　ステープラ[5]ともいう。横書き文書の場合は左肩を，縦書き文書の場合は右肩を留める。

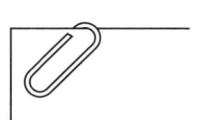

　③ 　穴開け器

　　パンチともいい，紙にとじ穴を開ける道具である。

クリップ

5）JIS 用語（stapler）

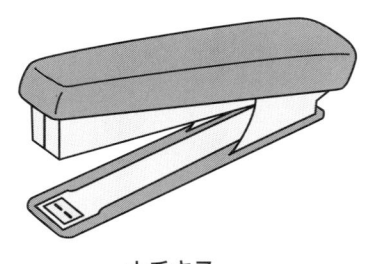

ホチキス 　　　　　　　　　穴あけ器（パンチと呼ばれる）

④ とじ具（ファスナー）
　穴あけ器で穴を開けた書類に足を差してとじる。

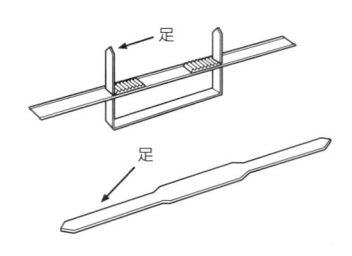

とじ具（ファスナー）

(2) ファイル類
① ファイル
　ファイルの多くは紙かプラスチック製で，中にとじ具のついている書類挟みである。
書類をとじたファイルは書棚に立てて並べて整理する。
② フラットファイル，レターファイル
　ファイルの中で，比較的，紙質のやわらかい角ばらないものをいう。

(3) 容器類
① トレー
　デスクトレー，決済箱ともいい，書類を入れる箱で，普通は二つ並べるか，2段にして，一つには未処理の文書，他方には処理済の文書を入れる。
② 書棚
　書庫・保管庫ともいい，木製・スチール製のものがある。ファイルを立てて並べる。

6　バーチカルファイリング

バーチカルファイリング法[6]とは，文書をフォルダーという見出しのついた紙挟みに挟み，ファイル箱やファイリングキャビネットという文書整理タンスにカードのように立てて並べる方法である。

6-1　バーチカルファイリングの用具

① フォルダー

　厚紙を二つ折りにした紙挟みで，その間にＡ４判の文書を挟み，折り目を下にして立てる。

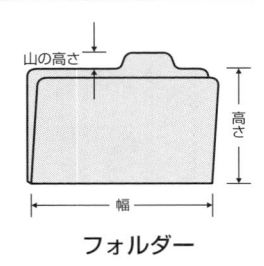

② ガイド

　立てて並べたフォルダーを区切り，そのグループの見出しの役をする厚紙である。

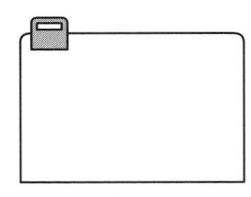

③ ラベル

　フォルダーに挟んだ文書のタイトルを書いて，フォルダーの山に貼る見出し用の紙ラベルである。

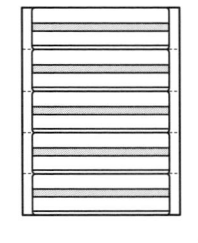

---

6) vertical filing

④ ファイル箱

　フォルダーを立てて入れる簡単な紙箱である。

⑤ キャビネット

　標準型キャビネットは，サイズや引き出しの段数によって各種あるが，サイズはＡ４が多く，引き出しは４段が一般的である。横型キャビネットは，引き出しの幅が広く，ファイルは横向きに並べる。

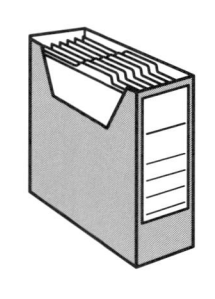

ファイル箱

標準型キャビネット
（左から A4-4, A4-3, A4-2）

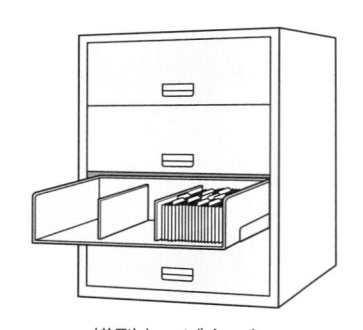

横型キャビネット

キャビネット

6-2　ファイルのまとめ方

　保管すべき文書をまとめるときの原則は，よく一緒に使う文書が同じファイルに入るようにすること，文書が捜しやすいように１冊のファイルをなるべく薄くすることである。主に次の５つの方式がある。

(1) 相手先別整理

　受信については「誰から来たものか」，発信については「誰宛てに出したものか」の「誰」，すなわち相手先別にまとめる方式である。ファイルのタイトルは，会社名・個人名など，その相手の名前となる。

(2) 主題別整理

その文書の内容のテーマ（主題），すなわち「何が書かれているか」の「何が」を捉えてそのテーマ別にまとめるのが主題別整理である。例えば，事務用品のカタログを整理するときに，販売元の会社別にまとめるのは相手先別整理だが，机とか椅子などの製品別にまとめるのが主題別整理であり，カタログなどの資料の整理に便利な方式である。

(3) 表題別整理
　「注文書」や「見積書」のような伝票や，「商品別売上月報」のような帳票化した報告書などは，その表題をそのままタイトルに使ってまとめる。この方式を表題別整理という。

(4) 一件別整理
　特定の取引，行事などに関する文書を，初めから終わりまでまとめてファイルする方式を一件別整理という。例えば「25周年記念行事」というファイルを作り，この行事に関する文書を全て収めるなどがこれである。

(5) 形式別整理
　文書量が少ない場合に，「通達」「あいさつ状」「カタログ」などのように，文書の形式をタイトルとしてファイルを作ることがある。

6-3　ファイルの作り方

　まとめた文書をフォルダーに収める際の要領は次のようになる。
① 　フォルダー内の文書は，左肩をそろえて新しい文書を上に乗せる。
② 　横長の文書は，入れたまま読めるように，上をフォルダーの折り目に向けて収める。
③ 　折らないと入らない文書は，開かないでも内容が分かるように裏面を中にして折る。他の文書が挟まらないように，折り目を山側に向けるとよい。
④ 　フォルダー内の文書は70枚くらいまでとする。あまり厚くすると捜しにくい。
⑤ 　フォルダー内の文書は，原則としてとじない。とじない方が文書を取り出しやすく，不要になった文書を捨てやすいからである。

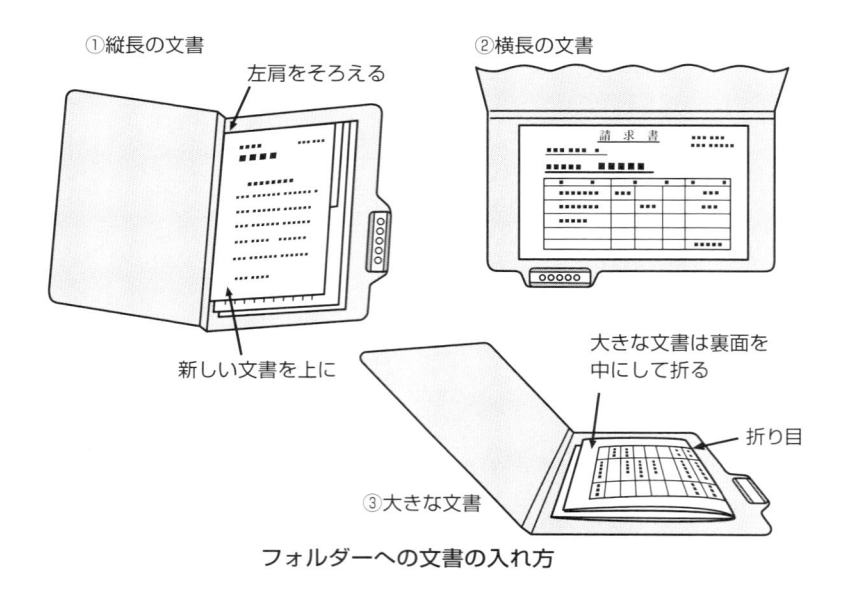

図: フォルダーへの文書の入れ方
- ①縦長の文書 — 左肩をそろえる／新しい文書を上に
- ②横長の文書
- ③大きな文書 — 大きな文書は裏面を中にして折る／折り目

6-4　ファイルの並べ方

　前述したファイルのまとめ方を使って作成したファイルは，一定の基準によって並べる必要がある。最も一般的なのは，五十音式に並べる方式である。次の図は，相手先別整理のフォルダーを五十音順に引き出しに並べたところである。

（1）個別フォルダーの使い方

　「青木堂」とタイトルの出ているフォルダーには，青木堂から来た手紙と青木堂に出した手紙の控えが収められている。このフォルダーを個別フォルダーという。

（2）雑フォルダーの使い方

　「ア」と書いてあるフォルダーは雑フォルダーといい，頭文字に「ア」の付く相手先でやりとりの少ない書類が雑居している。同じ相手先とやりとりした書類が5，6枚になったら，新しい個別フォルダーを作成することになる。

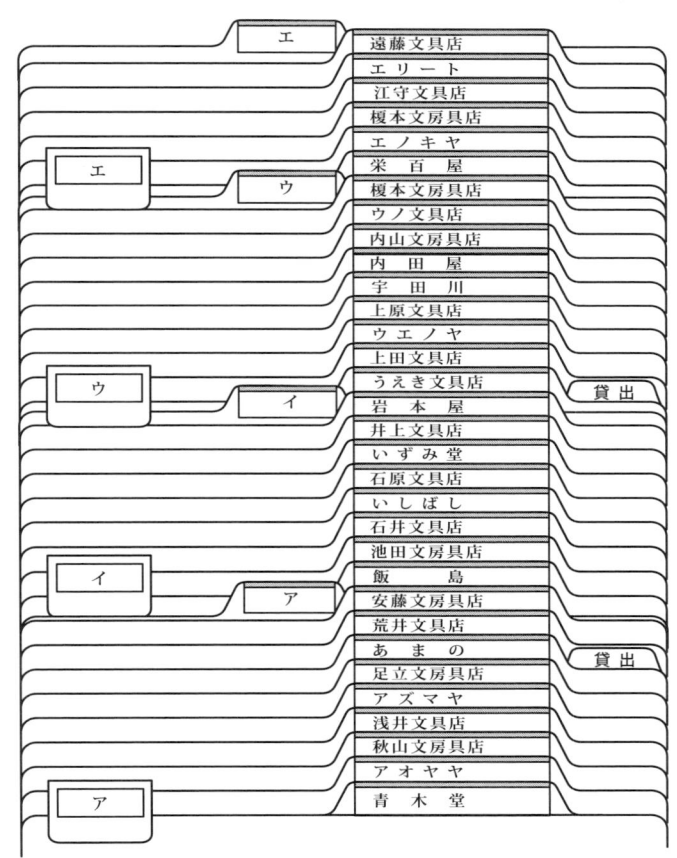

第10章　文書の受発信とファイリング　169

ガイド	見出し
エ	遠藤文具店
	エリート
	江守文具店
	榎本文房具店
	エノキヤ
エ／ウ	栄　百　屋
	榎本文房具店
	ウノ文具店
	内山文房具店
	内　田　屋
	宇　田　川
	上原文具店
	ウエノヤ
	上田文具店
ウ／イ	うえき文具店　　貸出
	岩　本　屋
	井上文具店
	いずみ堂
	石原文具店
	いしばし
	石井文具店
	池田文房具店
イ／ア	飯　島
	安藤文具店
	荒井文具店
	あ　ま　の　　貸出
	足立文房具店
	アズマヤ
	浅井文具店
	秋山文房具店
	アオヤヤ
ア	青　木　堂

相手先別整理の例

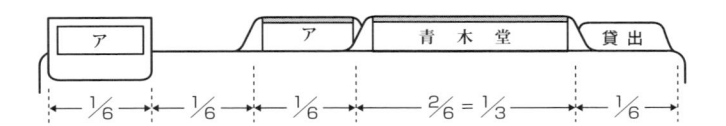

ア	ア	青　木　堂	貸出

←―1/6―→←―1/6―→←―1/6―→←―――2/6 = 1/3―――→←―1/6―→

注　第2列は，例えば「ア」のつくファイルが多すぎて「ア」の中を，さらに
　　いくつかに細分したいようなときに使う第2ガイドの出る位置である。

キャビネット式整理方法

6-5　ファイルの貸し出し

　他の部署に文書を貸し出したときは，その文書の代わりに貸し出しガイドを差しておく。貸し出しガイドには，借用者名・借用日・返却予定日・文書名を控えられるようになっている。フォルダーごと貸し出す場合は，図の持ち出しフォルダーに入れ替えて貸し，貸し出しガイドは空になったフォルダーに差しておく。

貸出用持出しフォルダー

6-6　ファイルの移し換え・置き換え

　利用回数の少なくなった文書は1年に1回は整理をして，使う人の手元からだんだん離していくのがよい。同じ事務室内で置き場所を変えることを移し換えといい，事務室から倉庫などに移して保存することを置き換えという[7]。

6-7　文書の保存方法

　キャビネット式の場合の文書の保存方法は，フォルダーに入れたまま，図のような段ボール紙のケースに収めて保存するのが普通である。保存ファイルには索引を作り，どのファイルがどこに保存されているか分かるようにする。

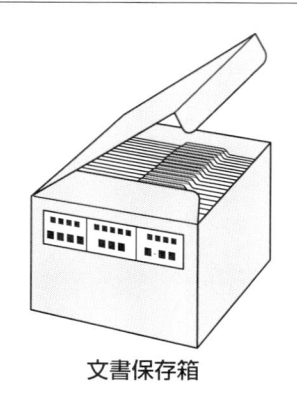

文書保存箱

---

[7] 事務室に書類を取っておくことを「保管」といい，文書倉庫などに取っておくことを「保存」と言うのが普通である。

7 資料の整理

上司がその任務を適切に遂行するためには，各種の資料を活用することが必要である。秘書はそうした資料を収集し，上司の必要に応じて直ぐに利用できるよう整理，保管しておかなければならない。これも秘書の重要な職務の一つである。

7-1 名刺の整理

上司は，仕事や社交上，名刺を交換することが極めて多い。その多量の名刺を，すぐに利用できるように整理しておく。

（1）名刺整理簿

厚紙の台紙の切り込みに名刺の四隅を挟んだり，台紙が透明なポケットに名刺を入れたりする。一覧性があるが，名刺や台紙の差し替え，廃棄に手間がかかる。

（2）名刺整理箱

多量の名刺を整理するときに便利である。ある一定の分類ごとにガイドを立て，その後ろにカード式に名刺を立てて整理する。名刺の分類は，名字の五十音順，会社名の五十音順，業種別などがある。

（3）名刺整理上の注意

整理した名刺は，いつも最新の状態にしておくようにする。住所・電話番号などの変更通知を受け取ったり，昇進や異動で肩書が変わったりしたことを知ったらすぐに名刺を訂正しておく。受けた名刺には日付やその人の特徴などをメモしておくとよい。

受け取った名刺や，抜いて使った名刺はガイドのすぐ後ろに差すと，後ろに古い名刺や使わなかった名刺が集まるので，年に1回は整理し，古い名刺や使わなかった名刺は破いて捨てる。

7-2　住所の整理

よく電話をする先の電話番号や，よく手紙を出す先の住所は，住所録にまとめておくようにする。

7-3　切り抜き[8]の整理

新聞や雑誌などから，参考となる記事をスクラップにするため，切り抜いたりコピーするなどして，資料として整理するのも秘書の仕事である。記事の余白には，新聞の場合は「紙名・日付・朝夕刊の別」，雑誌の場合には「誌名・年月号数，ページ」を記入する。

切り抜きの整理にはスクラップブックが使われていたが，台紙に貼って分類し，ファイルにとじるか，とじずにフォルダーに挟んで整理することが多い。台紙は，原則Ａ４判で，１記事を１枚にする。

また，雑誌や新聞の記事をスキャナーで読み取りデータとして保存したり，新聞社各社の電子版サービスや，web上のアプリケーション等を利用して記事を保存することもある。

7-4　カタログの整理

カタログは販売元にまとめることもできるが，一般に製品別にまとめる方が使いやすい。整理方法としては，厚手のファイルを使い，書棚などに立てて整理することもできるが，キャビネットを使用する場合は，図のハンギングファイル法が適当である。ハンギングフォルダーは，フォルダーの上辺から左右に手が出て枠にぶら下がるようになっているので，重いものを入れても普通のフォルダーのように曲がったり潜ったりしない長所がある。

なお，カタログは古いものは役に立たないので，年１回は点検して，最新のものだけにしなければならないが，自社製品のカタログは別で古いものも保存しておく必要がある。

8）スクラップともいう。

第 10 章　文書の受発信とファイリング

ハンギング
フレーム

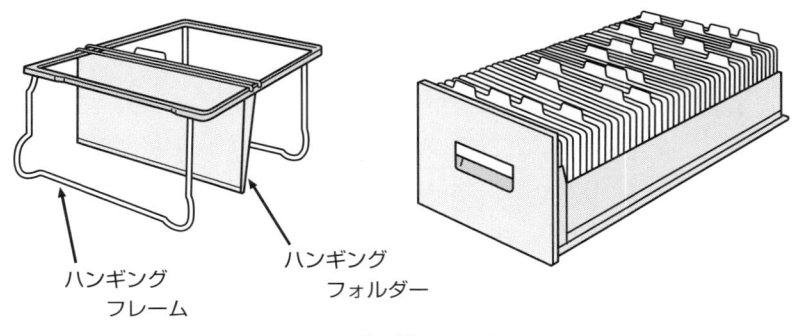

ハンギング
フォルダー

ハンギングファイル

7-5　その他の整理

(1) 図書

　上司が購入する図書には，①会社の費用で購入するものと，②上司が自費で購入するものがある。①については，所定の手続きを経て購入し，会社印を押すなどして，上司の私物と区別しておく。

　図書は書棚に立てて並べるが，同じテーマの本は一緒に並べる方が使いやすい。

(2) 雑誌

　上司の部屋や応接室の雑誌は，いつも最新号を出しておき，古い号はしまうようにする。保存する必要がある雑誌は，半年か1年分まとめて合本(がっぽん)する[9]。

(3) 新聞

　当日の新聞は，そのままとじずに読んでもらい，前日分から新聞とじにとじる。7〜10日分くらいは，新聞掛けに掛けておく。

(4) 写真

　最近では，写真をデジタルデータで保存することも多いが，プリントの整理にはアルバムを使う。プリントしたら，すぐにアルバムに貼り，日付と解説などを注記する。

---

9) 雑誌や小冊子を数冊合わせて1冊に製本すること。

用紙のサイズ[10]

　用紙のサイズには，基本的にはA判とB判があり，よく使う用紙はA判です。A4判を二つ折りにしたのがA5判，それを二つ折りにしたのがA6判，A4判を2倍の大きさにしたものが，A3判，その倍がA2判という関係になっています。B判も同じ関係になります。

用紙と列番号の関係

用紙の寸法

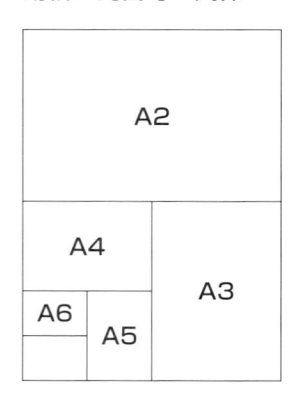

A判		B判	
列番号	寸法（mm）	列番号	寸法（mm）
A0	841 × 1,189	B0	1,030 × 1,456
A1	594 × 841	B1	728 × 1,030
A2	420 × 594	B2	515 × 728
A3	297 × 420	B3	364 × 515
A4	210 × 297	B4	257 × 364
A5	148 × 210	B5	182 × 257
A6	105 × 148	B6	128 × 182

練習問題

　秘書検定の実問題で練習し理解を深めよう。

1．次は，秘書Aの上司宛てに届いた郵便物である。これらをAが，①開封し中身を確認してから上司に渡すものと，②開封せずに渡すものとに分類し，その番号を（　　）内に答えなさい（番号の若いものから順に書くこと）。
　　　　　　　　　　　　　　　　　　　　　　　　　　　　　　（3級）

　1　取引先W社からの簡易書留郵便。
　2　上司が役員をしている業界団体からの普通郵便。
　3　上司が返事を待っていた取引先からの速達郵便。

10）JIS P 0138「紙加工仕上寸法」による。

4　取引先S社からの,「親展」と書かれた普通郵便。
5　取引先T社の部長からの,「至急」と書かれた速達郵便。
6　Aの知らない個人からの,「写真在中」と書かれた普通郵便。

① 　開封するもの　（　　　　　　　　　　　　　）
② 　開封しないもの（　　　　　　　　　　　　　）

2．秘書Aの仕事の一つに,新聞数紙から業界や商品関係の記事をコピーして回覧したり,ファイルしたりすることがある。次はそのときのやり方である。中から不適当と思われるものを一つ選びなさい。　　　　　　（3級）

1)　コピーした記事はサインペンで囲って分かりやすくしている。
2)　コピーした記事は,余白に紙名,日付,朝夕刊の別を記入している。
3)　ファイルは後から探しやすいように,新聞ごとにするようにしている。
4)　コピーするときは,記事の終わりを確認して尻切れにならないようにしている。
5)　小さい記事は見やすいように拡大コピーするが,コピー用紙の大きさは一定にしている。

3．次は秘書Aが行っている,名刺整理箱を使った名刺の整理方法である。中から不適当と思われるものを一つ選びなさい。　　　　　　（2級）

1)　会社名で抜き出すことが多いので,会社名の五十音順で整理している。
2)　五十音の区分は,ア,イ,ウ,……の文字でガイドを立てている。
3)　上司の友人やその他の個人的なものは,仕事上の名刺とは別に整理している。
4)　受け取った名刺には最初の面会日が分かるように,面会日付を記入してから整理箱に入れている。
5)　抜き出して使った名刺を箱に戻すときは,次に使うとき探しやすいように元あった所に戻している。

4．次は秘書Aが，文書を送るとき配慮したことである。中から不適当と思われるものを一つ選びなさい。　　　　　　　　　　　　　　　　（2級）

1)　祝い事に関するものだったので，それに合わせて慶事用の切手を貼った。
2)　受取人が出張中と分かっていたとき，急ぐものではなかったので出社に合わせて送った。
3)　送る30部の文書はS支店社員全員に配布してもらいたいものだったので，封筒の宛て名を「S支店社員各位」にした。
4)　A4判の文書10枚を三つ折りにして定形最大の封筒で送ろうとしたが封筒が膨らむので，折らずに角型の封筒で送った。
5)　送る文書の重さが送料の変わる境目だったので，受取人が料金の不足分を負担することのないよう次の重さの送料にした。

5．秘書Aは上司から，「500人を対象にアンケート調査をする。返信はがきを同封して発送するが，回収率はおおよそ2割と考えている。手間や経費がなるべく掛からない方法で頼む」と指示された。この条件を満たす仕方として，次のことに答えなさい。　　　　　　　　　　　　（準1級）

①　アンケートを発送するときは，どのような郵送方法にするのがよいか。
②　同封する返信はがきは，どのようなはがきにするのがよいか。

6．秘書Aは上司から，㊙印の押してある資料を渡され，「午後からの会議で使うので，出席者分をコピーしてもらいたい」と言われた。コピーするに当たってAが注意しなければならないことを，箇条書きで三つ答えなさい。　　　　　　　　　　　　　　　　　　　　　　　　　　　　　　　（準1級）

7．ファイル用フォルダーに折らないと納まらない文書を入れるとき，①文書をどのように折り，②折り目をどのようにして入れるのがよいか。理由とともに答えなさい。　　　　　　　　　　　　　　　　　　　　（1級）

①＜折り方＞
　＜理　由＞
②＜入れ方＞
　＜理　由＞

8．秘書Aは上司から，「秘」の印の押された書類を渡され，「M社のF専務に至急郵送してもらいたい」と指示された。このような場合の，適切な送り方から送った後にすることまでを，順を追って箇条書きで答えなさい。

(1級)

宅配便とメール便

　宅配便は，公共的な役割を持つ郵便とは違い，民間の運送会社によるトラック便です．メール便は，宅配便のシステムを利用して，書類や商品カタログなどの，郵便法上の信書ではない軽量な荷物を運ぶ輸送サービスです．

　いずれも，電話1本で戸口から戸口へ送ることができる便利さ，至るところにある取次店，安い料金，全国どこでも翌日か翌々日に届くスピード，荷物についての問い合わせに即答できるコンピュータ利用の追跡システムなどから，ビジネスの商品や文書などの輸送に広く利用され普及しています．

文書の電子化

　e-文書法[11]の施行により，一部の書類に例外はあるものの，法令で課せられている取締役会議事録や財務関係の帳票類などについて書面による保存に代わり，電磁的記録による保存を行うことが容認されました．そこで，企業などでは文書を電子化して保存する動きが活発化し，文書の電子化に関する知識が必要になってきています．

　これらの書類を電子化する際には，PDF形式（アドビシステムズ社が開発した電子文書のファイル形式）などのファイル形式にして保存することが多く見られます．

---

11 「電子文書法」ともいい，2004年11月に制定．翌年4月に施行された「民間事業者等が行う書面の保存等における情報通信の技術の利用に関する法律」と「民間事業者等が行う書面の保存等における情報通信の技術の利用に関する法律の施行に伴う関係法律の整備等に関する法律」の総称のこと．

本書は,「新訂秘書実務　改訂版」(三沢　仁・森脇道子共著)を改訂したものです。

付録 秘書検定審査基準

合格基準

筆記試験は1級～3級とも「理論」と「実技」に領域区分され、それぞれの得点が60％以上のとき合格になります。理論領域が満点でも実技領域が半分の出来では合格になりません。

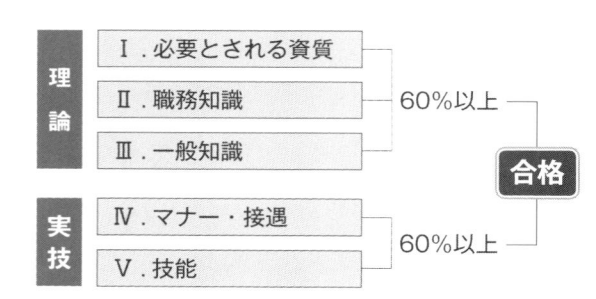

理論
- Ⅰ.必要とされる資質
- Ⅱ.職務知識
- Ⅲ.一般知識

60％以上

実技
- Ⅳ.マナー・接遇
- Ⅴ.技能

60％以上

→ **合格**

3級 初歩的な秘書的業務の理解ができ、2級に準じた知識があり、技能が発揮できる。

領域		内容
Ⅰ 必要とされる資質	(1) 秘書的な仕事を行うについて備えるべき要件	①初歩的な秘書的業務を処理する能力がある。 ②判断力、記憶力、表現力、行動力がある。 ③機密を守れる、機転が利くなどの資質を備えている。
	(2) 要求される人柄	①身だしなみを心得、良識がある。 ②誠実、明朗、素直などの資質を備えている。
Ⅱ 職務知識	(1) 秘書的な仕事の機能	①秘書的な仕事の機能を知っている。 ②上司の機能と秘書的な仕事の機能の関連を知っている。
Ⅲ 一般知識	(1) 社会常識	①社会常識を備え、時事問題について知識がある。
	(2) 経営に関する知識	①経営に関する初歩的な知識がある。
Ⅳ マナー・接遇	(1) 人間関係	①人間関係について初歩的な知識がある。
	(2) マナー	①ビジネスマナー、一般的なマナーを心得ている。
	(3) 話し方、接遇	①一般的な敬語、接遇用語が使える。 ②簡単な短い報告、説明ができる。 ③真意を捉える聞き方が、初歩的なレベルでできる。 ④注意、忠告が受けられる。
	(4) 交際の業務	①慶事、弔事に伴う庶務、情報収集と簡単な処理ができる。 ②贈答のマナーを一般的に知っている。
Ⅴ 技能	(1) 会議	①会議に関する知識、および進行、手順について初歩的な知識がある。 ②会議について、初歩的な計画、準備、事後処理ができる。
	(2) 文書の作成	①簡単な社内文書が作成できる。 ②簡単な折れ線、棒などのグラフを書くことができる。
	(3) 文書の取り扱い	①送付方法、受発信事務について初歩的な知識がある。 ②秘扱い文書の取り扱いについて初歩的な知識がある。
	(4) ファイリング	①簡単なファイルの作成、整理、保管ができる。
	(5) 資料管理	①名刺、業務上必要な資料等の簡単な整理、保管ができる。 ②要求された簡単な社内外の情報収集ができ、簡単な整理、保管ができる。
	(6) スケジュール管理	①上司の簡単なスケジュール管理ができる。
	(7) 環境、事務用品の整備	①オフィスの簡単な整理、管理、および事務用品の簡単な整理、管理ができる。

2級　秘書的業務について理解ができ，準1級に準じた知識があり，技能が発揮できる。

領　域		内　容
Ⅰ 必要とされる資質	(1) 秘書的な仕事を行うについて備えるべき要件	①一般的に秘書的業務を処理する能力がある。 ②判断力，記憶力，表現力，行動力がある。 ③機密を守れる，機転が利くなどの資質を備えている。
	(2) 要求される人柄	①身だしなみを心得，良識がある。 ②誠実，明朗，素直などの資質を備えている。
Ⅱ 職務知識	(1) 秘書的な仕事の機能	①秘書的な仕事の機能を知っている。 ②上司の機能と秘書的な仕事の機能の関連を知っている。
Ⅲ 一般知識	(1) 社会常識	①社会常識を備え，時事問題について知識がある。
	(2) 経営管理に関する知識	①経営管理に関する初歩的な知識がある。
Ⅳ マナー・接遇	(1) 人間関係	①人間関係について初歩的な知識がある。
	(2) マナー	①ビジネスマナー，一般的なマナーを心得ている。
	(3) 話し方，接遇	①一般的な敬語，接遇用語が使える。 ②短い報告，説明，簡単な説得ができる。 ③真意を捉える聞き方が一般的にレベルできる。 ④忠告が受けられ，注意ができる。
	(4) 交際の業務	①慶事，弔事に伴う庶務，情報収集とその処理ができる。 ②贈答のマナーを一般的に知っている。 ③上司加入の諸会の事務を扱うことができる。
Ⅴ 技能	(1) 会議	①会議に関する知識，および進行，手順についての知識がある。 ②会議の計画，準備，事後処理ができる。
	(2) 文書の作成	①文例を見て，社内外の文書が作成できる。 ②会議の簡単な議事録が作成できる。 ③折れ線，棒，簡単な円などのグラフを書くことができる。
	(3) 文書の取り扱い	①送付方法，受発信事務について知識がある。 ②秘扱い文書の取り扱いについて知識がある。
	(4) ファイリング	①一般的なファイルの作成，整理，保管ができる。
	(5) 資料管理	①名刺，業務上必要な資料等の整理，保管が一般的にできる。 ②要求された社内外の情報収集，整理，保管が一般的にできる。
	(6) スケジュール管理	①上司のスケジュール管理が一般的にできる。
	(7) 環境，事務用品の整備	①オフィスの簡単な整理，管理，および事務用品の整理，管理が一般的にできる。

準1級　一次試験（筆記）
秘書的業務について理解があり，1級に準じた知識を持つとともに，技能が発揮できる。

領域		内容
Ⅰ 必要とされる資質	(1) 秘書的な仕事を行うについて備えるべき要件	①秘書的な仕事を処理する能力がある。 ②判断力，記憶力，表現力，行動力がある。 ③機密を守れる，機転が利くなどの資質を備えている。
	(2) 要求される人柄	①身だしなみを心得，良識がある。 ②誠実，明朗，素直などの資質を備えている。
Ⅱ 職務知識	(1) 秘書的な仕事の機能	①秘書的な仕事の機能を知っている。 ②上司の機能と秘書的な仕事の機能の関連を知っている。
Ⅲ 一般知識	(1) 社会常識	①社会常識を備え，時事問題について知識がある。
	(2) 経営管理に関する知識	①経営管理に関する一般的な知識がある。
Ⅳ マナー・接遇	(1) 人間関係	①人間関係について知識がある。
	(2) マナー	①ビジネスマナー，一般的なマナーを心得ている。
	(3) 話し方，接遇	①状況に応じた言葉遣いができ，適切な敬語，接遇用語が使える。 ②長い報告，説明，苦情処理，説得ができる。 ③真意を捉える聞き方ができる。 ④忠告が受けられ，忠告の仕方を理解している。
	(4) 交際の業務	①慶事，弔事の次第とそれに伴う庶務，情報収集とその処理ができる。 ②贈答のマナーを知っている。 ③上司加入の諸会の事務，および寄付などに関する事務が扱える。
Ⅴ 技能	(1) 会議	①会議に関する知識，および進行，手順についての知識がある。 ②会議の計画，準備，事後処理ができる。
	(2) 文書作成	①社内外の文書が作成できる。 ②会議の簡単な議事録が作成できる。 ③折れ線，棒，円などのグラフを書くことができる。
	(3) 文書の取り扱い	①送付方法，受発信事務について知識がある。 ②秘扱い文書の取り扱いについて知識がある。
	(4) ファイリング	①ファイルの作成，整理，保管ができる。
	(5) 資料管理	①名刺，業務上必要な資料類の整理，保管ができる。 ②要求された社内外の情報収集，整理，保管ができる。
	(6) スケジュール管理	①上司のスケジュール管理ができる。
	(7) 環境，事務用品の整備	①オフィスの整理，管理，および事務用品の整理，管理が適切にできる。

二次試験（面接）

(1) ロールプレイング
　（審査要素）
　　秘書的業務担当者としての，態度，振る舞い，話の仕方，言葉遣い，物腰，身なりなどの適性。
　　　①一般的なあいさつ（自己紹介）ができる。
　　　②上司への報告ができる。
　　　③上司への来客に対応できる。

1級　一次試験（筆記）
秘書的業務全般について十分な理解があり，高度な知識を持つとともに，高度な技能が発揮できる。

領域		内容
Ⅰ 必要とされる資質	(1) 秘書的な仕事を行うについて備えるべき要件	①秘書的な仕事を処理するのに十分な能力がある。 ②判断力，記憶力，表現力，行動力がある。 ③機密を守れる，機転が利くなどの資質を備えている。
	(2) 要求される人柄	①身だしなみを心得，良識がある。 ②誠実，明朗，素直などの資質を備えている。
Ⅱ 職務知識	(1) 秘書的な仕事の機能	①秘書的な仕事の機能を知っている。 ②上司の機能と秘書的な仕事の機能の関連を十分に知っている。
Ⅲ 一般知識	(1) 社会常識	①社会常識を備え，時事問題について知識が十分にある。
	(2) 経営管理に関する知識	①経営管理に関する一般的な知識がある。
Ⅳ マナー・接遇	(1) 人間関係	①人間関係について知識が十分にある。
	(2) マナー	①ビジネスマナー，一般的なマナーを十分に心得ている。
	(3) 話し方，接遇	①状況に応じた言葉遣いが十分にでき，高度な敬語，接遇用語が使える。 ②複雑で長い報告，説明，苦情処理，説得ができる。 ③真意を捉える聞き方ができる。 ④忠告が受けられ，忠告の仕方を十分に理解している。
	(4) 交際の業務	①慶事，弔事の次第とそれに伴う庶務，情報収集とその処理ができる。 ②贈答のマナーを十分知っている。 ③上司加入の諸会の事務，および寄付などに関する事務ができる。
Ⅴ 技能	(1) 会議	①会議に関する知識，および進行，手順についての知識が十分にある。 ②会議の計画，準備，事後処理が十分にできる。
	(2) 文書作成	①社内外の文書が作成できる。 ②会議の議事録が作成できる。 ③データに基づき，適切なグラフを書くことができる
	(3) 文書の取り扱い	①送付方法，受発信事務について知識が十分にある。 ②秘扱い文書の取り扱いについて知識が十分にある。
	(4) ファイリング	①適切なファイルの作成，整理，保管ができる。
	(5) 資料管理	①名刺，業務上必要な資料類の整理，保管ができる。 ②要求された社内外の情報収集，整理，保管ができる。
	(6) スケジュール管理	①上司のスケジュール管理が十分にできる。
	(7) 環境の整備	①オフィスの整理，管理ができ，レイアウトの知識がある。

二次試験（面接）

(1) ロールプレイング
　（審査要素）
　　秘書的業務担当者としての，態度，振る舞い，話の仕方，言葉遣い，物腰，身なりなどの適性。
　　　①上司への報告ができる。
　　　②上司への来客に対応できる。

著者略歴

森脇　道子
武蔵大学経済学部卒。1964年から自由が丘産能短期大学で学生・社会人教育に携わる。元 自由が丘産能短期大学学長。日本ビジネス実務学会名誉顧問，全国大学実務教育協会会長。主な著書に，「ビジネス実務総論（改訂版）」実教出版，「新版秘書概論」建帛社など多数。

藤原　由美
千葉大学人文学部卒。青山学院大学大学院国際政治経済学研究科修士課程修了。住友商事株式会社（役員秘書），自由が丘産能短期大学を経て，現在，産業能率大学准教授。主な著書に，「高校生のためのビジネスマナー」「現代医療秘書」西文社など。

新秘書実務

2014年3月10日　初版発行
2021年3月20日　第3刷発行

監修者　森脇　道子
編著者　藤原　由美
発行者　笹森　哲夫
発行所　早稲田教育出版
　　　　〒169-0075　東京都新宿区高田馬場一丁目4番15号
　　　　株式会社早稲田ビジネスサービス
　　　　https://www.waseda.gr.jp/
　　　　電話（03）3209-6201

落丁本・乱丁本はお取り替えいたします。
本書の無断複写は著作権法上での例外を除き禁じられています。購入者以外の第三者による本書のいかなる電子複製も一切認められておりません。